WOGUO DIANXING CHENGSHIQUN

SHANGPIN ZHUZHAI JIAGE HUDONGXING YANJIU

我国典型城市群 商品住宅价格互动性研究

曾祥渭　著

内 容 提 要

本书介绍了我国城市群商品住宅价格城市间互动的理论机理与实证结论，重点探讨了商品住宅价格在城市群内波动性外溢、传导和空间收敛的理论机理，以及价格区域互动的动力机制和空间表现形态。主要基于空间计量经济学的前沿理论构建实证模型，对商品住宅价格空间波动性外溢特征、价格的空间传导状况与收敛性进行了实证研究。此外，本书基于开放数据构建影响住宅价格波动的媒体情绪指数，将媒体情绪纳入互动模型进行了深入的研究。

本书可以作为房地产开发投资方向研究生的学习教材，也可以作为地产投资研究人员的参考资料。

图书在版编目(CIP)数据

我国典型城市群商品住宅价格互动性研究 / 曾祥渭著. — 北京 : 人民交通出版社股份有限公司, 2019.11

ISBN 978-7-114-15831-5

Ⅰ. ①我… Ⅱ. ①曾… Ⅲ. ①城市群—商品房—房地产价格—研究—中国 Ⅳ. ①F299.233.5

中国版本图书馆 CIP 数据核字(2019)第 201719 号

书　　名：我国典型城市群商品住宅价格互动性研究
著 作 者：曾祥渭
责任编辑：谢海龙
责任校对：赵媛媛
责任印制：张　凯
出版发行：人民交通出版社股份有限公司
地　　址：(100011)北京市朝阳区安定门外外馆斜街 3 号
网　　址：http://www.ccpress.com.cn
销售电话：(010)59757973
总 经 销：人民交通出版社股份有限公司发行部
经　　销：各地新华书店
印　　刷：北京虎彩文化传播有限公司
开　　本：720 × 960　1/16
印　　张：10.5
字　　数：182 千
版　　次：2019 年 11 月　第 1 版
印　　次：2019 年 11 月　第 1 次印刷
书　　号：ISBN 978-7-114-15831-5
定　　价：48.00 元

前　言

自1998年住房市场化改革以来,房地产成为我国国民经济的支柱产业之一。经典房地产经济学通常认为城市商品住宅因其不可移动性而呈现典型的区域性市场特征,各区域市场受城市经济基本面和自然禀赋等因素影响表现出明显的异质性。但由于城市间资本流动、产业融合、人口迁移、信息和预期传导等共同作用,不能排斥区域商品住宅市场产生价格的空间关联。现有研究中对住宅价格空间关联与互动缺乏系统而深入的研究。

随着我国经济的快速发展和城市化进程的稳步推进,逐渐形成了以长江三角洲、珠江三角洲和京津冀为典型代表的多个城市群,它们在区域人口和经济总量上均占据较大比重,是我国经济版图中最为活跃的区域城市群。城市群所辖城市之间具有"地理接近、交通便捷、经济融合、功能互补、信息共享"等特点,与非城市群城市相比,存在着更加紧密的联系。这些城市围绕一个或多个中心,获取了区域经济一体化与协同发展的优势,也增加了经济变量的波动起伏在城市间传导与波动性外溢(Spillover)的概率。近二十年以来,我国许多城市特别是上述三个典型城市群的核心——北京、上海、广州及深圳等一线城市的住宅市场价格持续波动上涨,城市经济基本面逐渐与住宅市场高度相关。

城市群是我国当前和未来参与国际竞争的重要平台。近年以来,国家和各级地方政府积极落实《中华人民共和国国民经济和社会发展第十三个五年规划纲要》(简称《"十三五"规划》)和"一带一路"倡议,努力推动城市群和区域经济一体化建设。城市群区域资源要素、人口与产业加速流动和集聚、形成一体化的市场、经济变量的波动起伏极易在区域内产生互动和振荡。

本书从城市群的视角出发,系统而深入地研究我国城市群区域商品住宅价格互动的理论机理、互动演进的模式,选取我国三个典型城市群区域房价数据,基于空间计量经济理论展开了实证研究,分别探讨了价格的空间收敛性特征、价格的空间传导状况、价格空间波动性外溢情况以及价格空间互动的影响因素。本书提出的研究成果丰富了城市群商品住宅价格空间互动的理论,实证研究呈现的结论对房地产开发投资业界人士是有益的参考。

全书共分为7章:第1章绪论,介绍我国城市商品住宅市场价格和城市群商品住宅价格的研究状况,界定本书的研究范围、思路和采用的方法;第2章城市群商品住宅价格城市间互动的理论基础,介绍城市商品住宅价格互动的理论,并从城市群的视角出发，介绍了商品住宅价格区域互动的理论机理、收敛机理、传导的空间表现形态以及互动的动力机制；第3章我国典型城市群商品住宅价格的收敛性研究，分别介绍从长期和短期两个角度进行的收敛性检验的实证研究结论；第4章我国典型城市群商品住宅价格城市间传导关系研究，介绍基于空间计量经济理论建立的空间向量自回归模型(SpVAR)所开展的实证研究，厘清了价格空间传导的源头、空间传导的形态；第5章城市群商品住宅价格城市间波动性外溢分析，基于DCC-MGARCH模型的实证研究，考虑经济变量的时变性特征，介绍价格的空间外溢性研究的结论；第6章城市群商品住宅价格空间互动的影响因素研究，基于时变空间动态面板数据模型，将利用开放数据建立的媒体情绪指标纳入实证模型，介绍实证研究得到的影响房价空间互动的致因；第7章结论及展望，介绍全书研究结论的总结及研究的展望。

本书撰写过程中，得到了中国投资协会原会长张汉亚研究员、中央财经大学王瑶琪教授、刘志东教授、李桂君教授、王志锋教授、易成栋教授以及北京大学虞吉海教授等的大力帮助与悉心指导，在此一并表示最诚挚的感谢！

最后，希望本书所介绍的研究成果能给广大读者带来帮助，也希望本书能够不断完善，进一步服务本领域。

作　者

2019年5月

目　　录

第1章　绪　　论

本章主要介绍本书的写作背景和意义，提出本书的主线：城市群商品住房价格空间互动的理论机理与实证结论。回顾了已有研究成果，介绍本书的写作思路、研究遵循的框架结构、各部分内容简介以及本书的主要创新之处。

1.1　背景

改革开放以来，我国经济长期保持高速增长，国家统计局公布的数据显示，我国国内生产总值从1998年的8.44万亿元，快速增长到2019年的90.03万亿元，并于2010年超越日本成为世界第二大经济体。伴随着经济快速发展，我国涌现出多个城市群，它们对区域经济和社会发展起到了重要作用，是“十二五”规划中明确提出的未来参与国际竞争的重要平台，也是“一带一路”倡议的主要区域节点。

1998年至今，我国城市住房市场化改革得到平稳推进，对拉动城市经济和改善民众居住条件发挥了举足轻重的作用。长期以来，高企的城市商品住宅价格引起各界的广泛关注，中央和各级政府为此从土地、信贷和税收等方面出台多项文件，努力实施了多轮宏观调控，但部分城市，特别是以京津冀、长三角和珠三角地区的核心城市为典型代表的城市商品住宅价格依然保持波动性上涨，难以为大众所接受。

1.1.1　国家城市群战略

“十一五”以来，我国的区域发展战略逐步进行调整和转移，正在改变传统的“东、中、西部”条状区域发展思路，以城市群为单元的“块状”区域规划已上升为国家战略层面，经济区域正由“带状”向“块状”转变，由行政区域经济向城市群经济转变，城市群将是未来我国区域经济竞争与合作的主要载体。

《中华人民共和国国民经济和社会发展第十二个五年规划纲要》（简称《“十二五”规划》）中明确提出，我国未来要打造多个辐射作用大的城市群。要遵循城市发展规律，合理规划和布局，依托大城市，以大带小，重点发展和完善中小城市的产业布局、公共服务与居住功能，缓解特大城市的压力，推进大中小城市的一体化建设。党的十八大报告中也指出，要科学规划城市群规模和布局，增强中小城市和小城镇产业发展、公共服务、吸纳就业和人口集聚功能。

《国家新型城镇化规划（2014—2020 年）》中指出，我国三个典型城市群（京津冀、长三角和珠三角城市群）是国家经济发达水平和对外开放程度最高、人口集聚量最大的地区，未来将进一步保障其快速发展，促进其提升竞争力，积极参与国际合作与竞争，并注重城市群核心城市与周边中小城市和城镇的协同发展，合理引导区域内产业和人口转移。该规划中还提出国土均衡发展战略，在我国要努力加快培育多个城市群，如成渝、中原、长江中游、哈长等，发挥城市群资源集聚与产业集群的优势，就近转移农村剩余劳动力，未来将以城市群为平台，加快解决城镇化战略所引发的诸多问题。

为了落实国家城市群战略精神，促进城市群的快速发展，中央和地方政府纷纷出台了以城市群为基础的区域规划。国家层面已经陆续下发了《京津冀协同发展规划纲要》《长江三角洲地区区域规划》《珠江三角洲地区改革发展规划纲要（2008—2020 年）》《成渝经济区区域规划》《促进中部崛起区域规划》《海峡西岸经济区域发展规划》《黄河三角洲高效生态经济区域发展规划》《广西北部湾经济区区域规划》等，这些区域规划为城市群的发展提供了新的发展机会，城市群在区域发展中成为主角。与此同时，国内专门的城市群规划也纷纷出台，如《中原城市群总体发展规划纲要》《海峡西岸城市群发展规划》《山东半岛城市群区域发展规划》《湖南省“十二五”环长株潭城市群发展规划》《滇中城市群规划》等，为城市群的未来发展指明了方向。

城市群这一重要平台对我国未来经济和社会发展至关重要，既是落实新型城镇化战略的落脚点，又将是参与国际社会竞争的出发点。但是，我国城市群的发展现状不容乐观，盲目扩张、建设质量不高等城市病导致各个城市群处于亚健康状态，且各个单体城市严重的城市病在城市群中以乘数效应被扩大和传导，这种扩大和传导的现象在城市住房问题上表现得尤为明显并亟待解决。

1.1.2 商品住宅市场的发展

自 1998 年住房市场商品化改革以来，我国房地产市场得到快速发展，房地产开发投资在国民经济中占据重要地位，而房地产开发投资中，住宅投资长期占有较大权重，如图 1-1 所示。这对改善民众居住条件起到较大的积极作用，但逐年增加的住宅投资却没能遏制城市商品住宅价格的攀升，特别是 2003 年国务院发布《国务院关于促进房地产市场持续健康发展的通知》（国发〔2003〕18 号）确立将房地产作为我国国民经济的支柱产业之后，我国城市商品住宅市场价格更是“高歌猛进”，许多城市，特别以京津冀城市群、长江三角洲城市群和珠江三角洲城市群的核心城市（也称为一线城市）为代表的城市商品住宅价格持续波动性上涨。

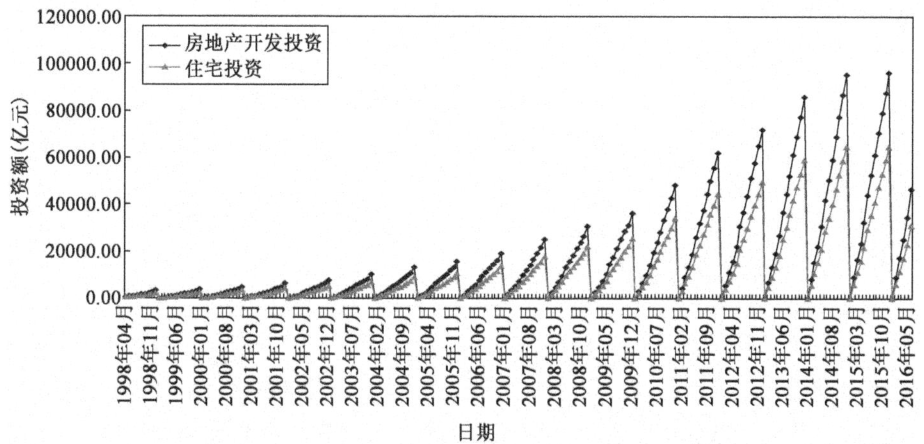

图1-1　我国房地产开发投资与住宅投资规模时序图

注：1.数据来源：中经网数据库；

2.图中指标为各年的按月累计统计数据。

为应对住宅价格持续上涨，我国政府努力进行了多轮调控，但这期间除了2008—2009年上半年和2011—2012年上半年受政策作用和外部金融危机的共同影响，城市商品住宅价格普遍呈下降趋势外，其他时段基本都是上涨的，而且部分时段上涨态势十分严峻。

从三个典型城市群区域内部来看，围绕在城市群核心城市周边的部分中小城市也接连传出房价剧烈波动的消息。如京津冀城市群内的张家口市，多年来地区生产总值在河北省排名靠后，2011—2013年连续三年商品住宅销售价格维持下降态势，但2014年开始，受到京津冀地区交通一体化预期影响，当年商品住宅销售均价同比增长达7.5%。2015年7月31日，张家口与北京携手成功申办冬奥会，该市的商品住宅价格立即被引燃火爆之索，多个楼盘连夜涨价千元[1]。同属京津冀城市群的河北保定市，2014年3月26日河北省发布《关于推进新型城镇化的意见》后，围绕保定“政治副中心”的概念炒作，引发了该市商品住宅的

[1]网易房产：张家口楼市站上冬奥会风口部分楼盘涨价50%，http://bj.house.163.com/15/0808/09/B0G4RC6G00073SD3.html。

购买热潮，部分楼盘的销售价格接连大幅上涨[1]。

城市商品住宅价格的高企和非理性波动，引起了各界的广泛关注。让城市生活更美好，最终促进人的全面发展和幸福感的提升，是城市发展的根本目的和目标。安居才能乐业，实施和落实《国家新型城镇化规划（2014—2020 年）》战略，城市住房问题是不可回避且亟须解决的。而当前京津冀城市群、长三角城市群和珠三角城市群的四个一线城市（北京、上海、广州、深圳）住宅价格居高不下，城市群内二三线城市住宅价格时而闻风而涨，时而急剧下落，难以较好地发挥承接和吸纳一线城市产业和人口转移的功能，不利于城市群长期协调发展与整体竞争力的提升。

1.2 问题的提出

城市群在我国经济发展规划中占据重要地位，城市群城市之间具有“地理接近、交通便捷、经济融合、功能互补、信息共享、人才与资源紧密联系”等特征，与非城市群普通地域接近城市相比，它们之间存在着更为特殊的密切联系。

城市商品住宅作为生活的必需品，除了具有使用属性外，还具有投资属性；经典房地产经济学认为城市商品住宅因其空间位置的不可移动性，一般表现出典型的区域性市场特征，各区域市场之间因资源禀赋、经济社会发展以及住房的供需特征差异而呈现明显的异质性。但在城市群视角下，由于城市间资本流动、产业融合、人口迁移、信息和预期传导等因素的共同作用，不可排斥各异质的市场之间发生商品住宅价格的空间关联。

此外，因为城市商品住宅具有价值量大的特征，其市场价格的波动和空间关联对城市居民的家庭财富、消费支出都将产生重大的影响，而且这种影响会直接或间接传导至城市经济的基本面。在城市群区域经济一体化背景下，这种影响往往会产生乘数效应，在有着特殊紧密联系的城市之间传导。

住宅价格的涨跌升降密切关乎城市的发展和百姓的生活，长期以来，不论专家学者还是普通百姓都能就此主题发表一番评价言论，有关价格变化的分析言论更是充斥于各类媒体。但从学术研究角度出发，系统而规范地研究价格互动的理论，寻求波动变化的规律，特别是从城市群视角出发，分析城市商品住宅价格变化和城市间价格互动现象及其成因，提供严谨而具有信服力的证据，显得十

[1] 中国经营报：保定副中心“悬空”楼市 500 万库存压顶，http://news.cb.com.cn/html/economy_9_18989_1.html。

分缺乏和必要。

此外,多年以来,关于城市间商品住宅价格互动性的研究存在着“重实证轻理论”的现象,中西方学者通过各种计量手段提供了大量有关住宅价格空间互动性客观存在的实证证据,但从理论机理上予以求证是亟须填补的空白。

鉴于此,本书以我国三个典型城市群(京津冀、长三角和珠三角)城市的商品住宅价格为研究对象,从城市群的视角出发,充分考虑到城间群城市间所具有的特殊的内在的密切联系,构建城市群商品住宅价格空间互动的理论框架,利用空间计量经济理论刻画城市间的相互联系,建立实证模型并选择实际样本,系统分析和深入研究三个典型城市群商品住宅价格的互动特征、传导的机理、波动性外溢的情况,并厘清互动的影响因素,进而反思城市群协调发展和单体城市的发展与建设情况,在理论和实践上都显得格外亟须和十分有意义。

1.3 研究的意义

我国经济发展过程中,长江三角洲、珠江三角洲、京津冀三个典型城市群在区域人口和全国经济总量上占据了较大比重,是我国经济版图中最为活跃的区域。以上述三个城市群的商品住宅市场为研究对象,系统研究商品住宅价格在城市群区域内的互动特征、传导规律及其影响因素,无论在理论上还是在实践上均有着重要的意义。

从城市群的角度来看,本书从城市群理论出发,在系统梳理城市商品住宅价格形成的相关理论基础上,构建城市群商品住宅价格互动的理论模型,并利用实际样本进行实证分析,得到的研究成果对城市和城市群理论,以及城市住宅价格理论都是很好的补充。特别是本书提出的住宅价格城市间互动的动力机制,是对现有解释住宅价格空间互动的“波纹效应”理论的进一步发展和完善。

从空间资产定价理论(Spatial Asset Pricing)角度来看,本书从城市群视角出发,研究城市群范围内住宅资产收益率城市间波动性外溢,是对空间资产定价理论很好的补充。

根据《“十二五”规划》和《国家新型城镇化规划(2014—2020年)》中设计的城市群规模和分布,按照城市群认定的标准,我国正在形成23个城市群,呈现“15+8”的空间结构格局,其中长三角、珠三角和京津冀等15个城市群是达标城市群,晋中、银川等其他8个城市群则未达标。随着我国区域和城市发展战略的实施,经济进一步平稳推进,未来我国版图上将会出现更多的达标城市群。系统研究三个典型城市群城市间商品住宅价格的互动性状况,对其他城市群的协调发展和规划建设均有着重要的借鉴和指导意义。

从投资者和置业者的角度来看,本书价格互动性的相关结论有助于其优化投资资产组合和置业决策。对政府决策部门而言,本书研究的成果能开拓从城市群视角来分析城市建设和区域经济发展的思路,对其以城市群为载体,确定城市在城市群中产业定位、功能发挥,进而寻找提高城市经济基本面的契机有着重要的指导意义。对房地产开发者而言,本书关于商品住宅价格城市群城市间互动性研究的成果,有利于其预测价格波动趋势和制定区域性房地产开发战略,对其项目选址及产品定价的决策具有一定参考意义。

1.4 相关文献综述

1.4.1 关于城市群研究的文献

城市群这一名词是我国特有的提法,作为城市和区域发展的重要研究对象,受到学者们的广泛关注。城市群是生产力和生产要素高度集聚的现象,最早出现在西方发达的资本主义国家。西方学者关于城市群的论述,最早散见于一些关于城市发展的著作当中,但当时未直接使用城市群这一概念。如埃比尼泽·霍华德(E. Howard,1898)所著的《明天的田园城市》(Garden Cities of Tomorrow)描述了“田园城市”和“社会城市”,后者被认为是城市群的雏形。格迪斯(Dickinson R,1915)所著的《进化的城市》(Cities in Evolution)中,提出3种形态的城市结构:城市区域、集合城市以及世界城市。沙里宁(E. Saarinen,1918)在《城市:它的发展、衰败和未来》中强调城市是有机的生命体,城市群体发展应当由无序的集中向有序的疏散发展。邓肯(O. Duncan,1950)在《大都市与区域》中首次引入“城市体系”(Urban System)的概念。第二次世界大战后,在西方发达国家快速城市化的过程中,大量农村人口持续向城市流动,中小城市人口不断往大城市集聚,形成了一些巨大的都市地带(Urbanized Areas)。随后,小汽车的普及和大城市生活环境逐渐恶化,选择在大城市工作而在郊区居住的人口不断增多,城市群体之间的联系变得十分密切,城市的空间结构体系逐渐由城镇、中小城市向大城市、大都市区等转变。这一变化过程引起了学者们对城市群的关注。

为了便于研究,在1920—2000年期间,美国学者陆续提出了“大都市区(Metropolitan Districts)”“标准大都市区(Standard Metropolitan Area,SMA)”“标准大都市统计区(Standard Metropolitan Statistical Area,SMSA)”“标准大都市统计区(Standard Metropolitan Statistical Area,SMSA)”“大都市统计区(Metropolitan

Statistical Area, MSA)”以及“大都市区(Metropolitan Areas, MA)”等概念来描述这些城市群体。英国、加拿大和澳大利亚等国家也先后提出“标准大都市劳动市场区(SMLA)”“国情调查大都市区(CMA)”“国情调查扩展城市区(CEUD)”等概念。1957 年,戈特曼将其对美国东北海岸都市带的研究成果发表在《经济地理》(Economic Geography)杂志,提出用希腊语“Megalopolis”来表示这些与众不同的城市群体。日本学者们最早使用“都市圈(Metropolitan Area)”和“大都市圈”等名词描述东京周边的城市群体。

20 世纪 90 年代开始,我国学者对城市群进行了大量研究,由于对戈特曼提出的 Megalopolis 一词翻译的不同,先后出现了多个概念来描述区域内城市的聚集体,如:都市圈、都市地带、城市连绵区、城市地带、城市群和城市体系。总体而言,关于城市群国外的定义要更为宽泛,可以认为国外学者们所提及的城市体系、都市地带以及都市圈等都可以称作城市群。

姚士谋等(2001)提出城市群概念包含地理学与经济学双重内涵,前者强调地域空间中分布较为密集的城市群体,重点研究城市的结构体系和职能分工,后者则强调区域内的资源要素分配,研究经济活动的集聚与扩散机制,以及区域经济一体化发展。顾朝林(2004)根据城市群的空间形态特征是否典型,而将城市群划分为典型城市群与非典型城市群,其中典型城市群的空间形态特征较为明显,经济活动运行的规律性较强,而非典型城市群为尚处于发育阶段的城市群。王丽和牛文元(2013)提出了城市群的界定标准,并运用区域作用组合模型构建了城市群的识别体系。李煜伟和倪鹏飞(2013)构建运输网络下的城市群经济增长模型,发现运输网络影响要素向城市群中心城市集聚,促使其经济增长和非中心城市的向中心城市靠近。张云飞(2014)研究了城市群产业集聚与区域经济增长的关系,发现二者呈现倒 U 形曲线关系。张贞冰(2014)以中心地理论为基本范式,研究了城市群的空间自组织演化过程,认为区域经济总量是驱动城市群自组织的主要动力。肖金成和黄征学(2014)提出城市群的形成过程有自然之力使然的因素,并非政府行政行为随意即可打造。方创琳和倪鹏飞等(2015)总结“中国城市群发展高层论坛”,提出城市群发展是一个自然自需和非平衡相变的演化过程。

1.4.2 商品住宅价格城市间互动性的研究

梳理检索到的文献,有关城市群商品住宅价格互动性的研究可以总结成如下三个方向:“波纹效应”存在与否的检验、价格的收敛性以及价格的波动性外溢研究。

(1)城市间住宅价格“波纹效应”存在性的检验研究

有关住宅价格城市间互动关系的研究，早期学者们关心的重点是城市间是否存在价格的“波纹效应”。最早关注到“波纹效应”的是英国学者。20 世纪 60 年代末期，英国房价在空间上表现出明显的连续周期性特点，学者们注意到伦敦和东南部的住宅价格始终比英国其他地区要领先波动，引起了他们对区域房价空间互动关系的关注。McAvinchey(1982)对英国住房价格膨胀率的研究，开启了关于英国区域房价互动性的研究。紧随其后的研究者们将不同城市间房价领先—滞后变化的现象定义为“波纹效应”。

随后，英国学者进行了大量有关“波纹效应”存在性的检验研究，如：Holmans(1990)、Giussani 和 Hadjimatheou(1991)、MacDonald 和 Taylor(1993)、Alexander 和 Barrow(1994)、Meen(1996)、Munro 和 Tu(1996)、Cook(2003, 2005)、Holmes(2007)、Holly 和 Pesaran(2011)等，均以英国城市住房价格为研究对象，研究的目标是证实“波纹效应”存在与否。需要特别指出的是，上述研究基本都证实了不同时段英国城市间存在“波纹效应”。而关于其产生的原因，最为典型的解释是 Meen 先后提出的观点：人口迁移，空间套利，交易与搜寻成本，资产转移，房价决定因素的领先-滞后变化和趋同关系。Tsai(2014)通过静态蛛网模型解释了波纹效应存在的理论原因，并发现了不仅住宅价格，而且住宅交易量均存在“波纹效应”的证据。

美国学者们也较早关注到这一问题，Clapp 和 Tirtiroglu(1994)、Tirtiroglu 和 Clapp(1996)、Pollakowski 和 Ray(1997)等先后研究发现美国各地区住宅市场价格存在显著的“扩散效应”(Diffusion Effect)——其内涵与波纹效应一致。Gupta 和 Miller(2010)对美国洛杉矶、拉斯维加斯和凤凰城三个西南部大都市统计区(Metropolitan Statistical Areas)的住宅市场价格进行研究，利用 Granger 因果关系检验发现洛杉矶是另外两者的因，而拉斯维加斯是凤凰城的 Granger 因。Brady(2014)以美国各州 1975—2011 年间的住宅数据，研究了住宅价格的空间扩散现象，通过空间向量自回归(SpVAR)，计算脉冲响应函数(SIRF)，获得了空间扩散的证据。此外，通过对比样本期间不同时段的脉冲反映，发现空间扩散效应是统计显著和持续的，还发现 1999 年之后，空间扩散效应在程度和持续性上都要比 1999 年之前更为强烈。Miles(2015)将时变性(Time-Varying)特征考虑进模型当中，研究了美国的区域住宅市场价格互动关系，在 2001—2005 年美国泡沫形成初期，未获得全国性“波纹效应”存在的证据，而在泡沫的后期，则区域性“波纹效应”存在显著增加的证据。

近年来，学者们还对其他国家和地区住房价格的互动关系进行了研究。如

Stevenson (2004)利用 1978—2002 年德国季度住宅价格数据,研究了 Dublin、Cork、Waterford、Limerick Galway 和 Northern Ireland 等地区的住宅价格互动问题,结果发现由于 Dublin 是首都和经济中心,“波纹效应”从 Dublin 起源,并按照地理邻接顺序逐渐向其他地区传递。Oikarinen(2006)对芬兰住宅市场进行研究,发现在 Helsinki 大都市圈区域,也存在显著的住宅价格由中心区域向邻接的城镇领先-滞后变化现象。Luo(2007)以澳大利亚 8 个主要城市为研究对象,发现了显著的住宅价格城市间波动的“波纹效应”的证据,并且,作者认为悉尼的住宅价格仅能够影响到墨尔本,而阿德莱德和泊斯的住宅价格是墨尔本、堪培拉和达尔文的 Granger 因。Beatriz(2008)研究了西班牙地区住宅价格的长期互动关系,协整关系检验发现,长期均衡关系主要存在于地理接近和经济结构相似地区之间。Shi 和 Hargreaves(2009)针对新西兰的主要城市住宅市场进行研究,也发现了支持“波纹效应”存在的强烈证据。并且作者发现住宅市场的领先-滞后变化,与城市之间的经济发展水平类似变化。Balcilar 和 Beyene(2013)按照住宅大中小规模分类,分别证实了南非主要大都市区存在“波纹效应”。Lean 和 Smyth(2013)证实马来西亚区域住宅价格“波纹效应”的存在,还发现了住宅价格区域集聚(Regional Cluster)的证据。Liao 和 Zhao(2015)利用结构向量自回归方法,对新加坡中心城市与郊区城镇住宅价格是否存在波纹效应,以及产生的原因和传导模式进行研究,发现了“波纹效应”存在的显著证据,且来自交易较为活跃的中央地区的国外资产收购所产生的外生冲击,可以传导至交易不活跃的郊区住宅市场;反之则不然。Fereidouni 和 Al-Mulali(2016)利用多元协整检验方法,研究了 2000:Q1—2011:Q1 期间马来西亚部分城市和新加坡部分城市的商品住宅价格的互动关系,并获得了“波纹效应”存在的证据。

国内关于城市商品住宅价格互动问题也进行了大量研究,代表性的工作包括:王松涛和刘洪玉等(2008)分析我国 5 个主要区域性市场 10 个城市房价之间的互动问题,发现短期存在较大波动差异的住宅价格,在长期却具有稳定的相互制约关系。Chien(2008)利用 LM 检验,深入分析了我国台湾地区城市商品住宅价格的“波纹效应”存在性和变化关系,发现除了台北之外,其他城市之间存在统计上显著的波纹效应。洪涛(2009)对比了长三角地区 3 个城市和京津冀 3 个城市的商品住宅价格区域传导的特征,并分析了各自价格的互动表现形态。李进涛等(2011)以珠三角城市群 9 个城市的住宅价格为研究对象,检验了价格的城市间传导关系和趋同性。Lee 和 Chien(2011)利用我国台湾地区 5 个主要城市 1993—2009 年季度商品住宅价格数据,发现除了台北,其他城市间存在显著的互动因果变化关系。Chen 和 Chien(2011)利用多元协整检验、Toda-

Yamamoto Granger 关系检验、广义 IRF 和方差分解等方法，对我国台湾地区的城市商品住宅价格的互动关系进行了检验，获得了住宅价格存在长期均衡关系的证据，但从因果关系来看，台北则与周围的城市保持了一定的独立性。李智等(2013)考虑到城市群内城市间的经济往来较为密切，以长三角城市群 16 个城市住宅市场价格为研究对象，从时间和空间两个维度提出了住宅价格互动性的定性理论分析模型，并利用空间自回归模型进行实证研究，得出一些宏观政策的实施能使得互动溢出更为持久的结论。Zhang 和 Morley(2014)利用区域面板数据，获得了一线城市(北京、上海和广州)之间存在“波纹效应”的证据。Nanda 和 Yeh(2014)同样以台湾地区主要城市商品住宅市场为研究对象，选择了 1992—2010 年间年度住宅价格数据，发现了区域间存在显著的空间依赖(Spatial Dependence)现象，并对台北大都市区域(Mega-Urban Areas)的城市空间规划和公共资源利用提出了建议。

(2)商品住宅价格收敛性的研究

关于住宅价格收敛性(Convergence)的研究是城市间互动关系研究的另一个分支。Pollahowski 和 Ray(1997)、Zohrabyan(2008)、Clark 和 Coggin(2009)、Holly(2010)、Gupta 和 Miller (2011)、Barros(2011)等学者分别对美国住宅市场价格的城市间收敛性进行了检验，得到存在收敛性的证据。Holmes(2011)把城市间的空间距离加入模型中，来分析美国州与州之间是否存在长期的收敛性关系。

Gallet(2004)从新古典经济增长文献中引入住宅价格时间序列收敛(Time-Series Convergence)的方法，利用洛杉矶都市区域 1992:Q1—2001:Q3 期间的住宅价格数据，根据收敛性指标，将区域分为了若干城镇集聚区(County Clusters)，揭示了洛杉矶都市区商品住宅市场的特殊性质。Clark 和 Coggin(2009)首先利用主成分分析法，将美国 1975:Q1—2005:Q4 区域价格指数综合成 2 个超级区域因素(Super-regional factors)，并构建包含趋势和周期因素时间序列模型，分析了住宅价格区域间绝对收敛和相对收敛问题。Kang(2011)利用动态面板数据模型研究了 42 个高科技(High-Tech)都市区的住宅价格收敛性和空间扩散性，发现住宅价格的短期和长期表现具有较大的差异，且短期空间扩散性是瞬时和短生命期(Short-lived)的，而长期的收敛性则是持续的。Holmes 和 Otero(2011)利用 Pesaran(2007)提出的收敛性检验方法，对美国各州的住宅价格长期收敛关系进行了检验，作者构建了基于概率统计量的实证模型，并通过 Boothtraping 程序构建了置信区间和拒绝域，结果发现了支持价格收敛的证据，并且发现长期均衡速度与州之间距离呈反比例关系变化调整。Kim 和 Jeffrey(2012)考虑时变因素，构建了相对收敛的检验模型，研究发现，1975:Q1—2009:Q4，美国国家层面的住宅价格收敛的证据不是很充分，但大都市区域层面的房价则呈现俱乐部收敛（Convergence Club）。Apergis 和 Payne（2012）同样以美国住宅市场为研究对象，利用 Phillips 和 Sul 提出的时变相对收敛性检验方法进行实证检验，根据相对收敛性将美国各州划分为 3 个等级的收敛俱乐部。Barros 和 Gil-Alana（2012）研究了美国各州之间以及州与全国的住宅价格的关系，为了克服有些州的住宅价格序列，通过参数和半参数方法检验其单位根，从而无法进行协整关系检验的缺陷，作者应用了一种新的检验方法，检验结果质疑全国层面的住宅价格长期收敛和波纹效应的存在性。Montañés 和 Olmos（2013）对美国住宅市场的收敛性和分割性（Segmentation）进行了研究，通过对比次贷危机前后的研究结果，得到次贷危机之后美国住宅市场分割性加强的稳健证据。Nafeesa. Y（2015）对美洲、欧洲和亚洲共 10 个主要经济体住宅市场价格的收敛性进行研究，发现长期角度来看，收敛关系存在得到维持，但短期来看，面对外生冲击（Shock）各自反应存在较大的差异，特别是在危机期间。此外，研究还显示全球范围的住宅市场的收敛性在增强的支持性证据。

Andrew 和 Glauco（2013）以英国区域住宅市场价格为研究对象，利用成对单位根检验法，经过 $N(N-1)/2$ 次成对检验，发现了存在长期收敛关系的证据。Montagnolia. A 和 Nagayasu. J（2015）发现英国国家层面的收敛性不成立，而存在 4 个俱乐部收敛的证据。

Nicholas 和 Beatrice（2015）以南非大都市城市商品住宅价格为研究对象，基于金融学等量资本的“一价原理”，利用 log*t* 收敛性检验和聚类方法，发现南非存在俱乐部收敛的证据。Ma 和 Liu（2015）以澳大利亚的首都区域城市（Capital Cities）商品住宅价格为研究对象，特别考虑到住宅市场之间的空间异质性和自相关性，运用空间自回归方法，获得了存在部分收敛的证据。

从文献检索结果来看，我国学者对住宅价格收敛性的研究关注不多。吴文斌（2012）基于空间计量理论，对我国 1994—2010 年期间城市住房价格进行 β 收敛性检验，发现存在 β 收敛的证据。Zhang 和 Morley（2014）利用我国区域面板数据，研究了住宅价格的收敛性，未获得价格区域收敛的证据。Lee 和 Lin（2014）应用 Vogelsang's（1998）提出的检验，发现我国台湾地区最大城市区域（Largest Urban Areas）的预售房市场价格呈现随机趋势，并且协整关系检验得到与以往研究不一样的结论：台北的住宅价格与周围城市不是孤立的。通过外生性检验发现，台北是住宅价格变化的源头，且台湾地区最大都市区域的住宅价格呈现显著的领先—滞后变化关系。张大永和刘子寅（2015）以 2008—2013 年我国 30 个城市住宅市场价格为研究对象，构建了非线性收敛检验模型，发现尽管线性收敛检验呈现发散状态，但2010年后住宅价格出现非线性的俱乐部收敛，且这种收敛关系在人均产出水平高的东部地区则不成立。安勇和王拉娣(2015)利用log$t$收敛检验法，对我国35个大中城市住宅价格进行收敛性检验，发现无论在全国层面，还是分东中西部区域，均未发现收敛的证据。Chow和Fung(2016)利用时空结合的收敛性检验模型，对我国34个城市住宅市场价格的收敛性和空间溢出性进行了研究，发现城市之间价格空间溢出效应较为显著，且样本期间扩散效应比集聚效应要更为明显，这种空间溢出效应是住宅价格收敛的重要条件。

(3)商品住宅城市间波动性外溢的研究

城市商品住宅具有投资和使用的双重属性，且具有较大的价值量，是家庭重要的资产，学者们将金融市场上不同类别风险资产间价格波动性外溢的思想迁移至住宅市场。金融资产波动性外溢(Volatility Spillover)的概念——指不同金融市场之间的波动可能存在相互影响，波动会从一个市场传递到另一个市场，波动性外溢可能存在于不同地域的市场之间，也可能存在于不同类型的金融市场之间。

早期学者们关注到资产收益率二阶矩(The Second Moment)所包含的信息对价格的波动和外溢产生重要影响。Miles(2008)利用美国50个州的住宅数据，分别检验住宅收益率的GARCH效应，结果发现，超过半数的州都能在不同程度上通过检验，证实了住宅收益GARCH效应的重要性。De Santes和Gerard(1997)、Harvey和Ng(2005)、Celso(2008)等先后基于多元GARCH模型研究了住宅价格收益率和波动性在城市间转移(Transmission)的问题。Dolde和Tirtiroglu(1997)、Crawford和Fratantoni(2003)证实美国城市住宅价格具有时变波动性(Time-Varying Volatility)。随后，Wong(2006)、Guirguis(2007)、Hossai和Latif(2007)先后从我国香港、西班牙和加拿大等地区和国家发现了类似的证据。

美国次贷危机之后，国内外关于住宅价格城市间波动性外溢研究的文献渐多。Miles(2008)证实美国住宅收益率的条件方差具有波动性外溢效应。William(2010)研究了英国12地区的住宅价格的GARCH效应，发现仅有7个城市存在显著的GARCH效应，而其中只有两个城市之间存在显著的双向溢出性。Todd H和Valerien(2011)利用SpVAR模型，研究了1988—2007年期间美国西部城市住宅市场受宏观经济影响所产生的价格溢出性，并在多数城市获得了溢出性的显著证据。Bing Zhu(2013)利用DSP-GARCH研究了美国19个区域的住宅市场价格的波动性外溢问题，证实了波动性的空间传导现象，尤其在2007—2009年次贷危机期间，地理接近城市间表现得更为强烈(Stronger)。Simlai. P

（2014）利用条件异方差空间自回归模型（SARCH）研究了美国波士顿地区住宅价格波动性问题，认为波动性来源于空间邻接因素是住宅价格波动的重要来源。Tsai（2015）利用向量自回归方法，研究了美国住宅市场和股票市场之间的波动性溢出，发现二者之间不存在长期的融合关系，但短期存在溢出性，特别是，在正常时期，存在由住宅市场向股票市场溢出的证据，在危机时期，则恰恰反向溢出。Li 和 Miller（2015）利用小波分析方法，分析了 1890—2012 年期间美国住宅市场与股票市场之间的互动性与因果关系，发现二者都是时变（Time Varying）变化的。Ng 和 Feng（2016）利用 DSGE 模型，对加拿大、澳大利亚等 7 个国家和地区，受到国外外生冲击和国内新闻冲击后住宅市场的溢出性进行研究，发现受到来自国外冲击后溢出效应更为显著。Cohen 和 Ioannides（2016）对 1996—2013 年期间美国 MSAs 住宅价格的空间溢出效应的动态变化情况进行了研究，发现在房价上涨的地区，空间溢出效应更为明显；与全样本期间相比，2007—2008 年危机之后，空间溢出效应表现得更为突出。

我国学者对此问题进行的研究主要包括，吴伟巍和郑彦璐等（2011）借鉴金融市场的价格溢出理论，系统总结了区域城市间住宅价格波动溢出效应的内涵，从广义和狭义角度提出了住宅价格波动溢出效应的定义，认为城市间住宅价格波动传导影响关系是相互的，影响程度可以是对称的，也可以是不对称的，波动影响关系存在于时间和空间两个维度；并从人流、资金流、信息流及城市经济基本面四个角度提出了商品住宅价格波动传导机制的鱼刺图，总结了城市群区域城市间住宅价格波动外溢效应的理论内涵，但没有进行相关实证检验。刘小华（2011）利用 DCC-GARCH 模型研究了亚洲地区房地产市场（以 REITs 为研究对象）的相关性和波动性外溢问题，对市场间的相关性和波动性的时变特征进行了关注，但 REITs 在我国房地产市场仍属起步阶段，且样本以香港地区为主；黄雪飞和谷静（2011）发现金融危机后，我国 70 个大中城市房价间的集聚效应更明显；陈浪南和王鹤（2012）利用广义空间动态面板数据模型选取 2002：Q1—2010：Q3 省级数据，分析了房地产价格的区域互动，实证结果表明，我国各地房地产价格互动存在空间滞后效应和时间滞后效应，空间地理邻近与经济发展水平相近的城市间的住宅价格相互影响要更大。李智和郑彦璐等（2013）利用 PCA-EGARCH 模型研究了长三角城市群商品住宅价格的波动性外溢效应；此外，李爱华和杨婧（2014）研究了我国房地产与金融市场的互动溢出关系。Shih 和 Li（2014）利用 Granger Causality 检验和 VECM 方法，研究了我国 2000—2012 年期间我国 28 个省市的房价波动性溢出问题，发现存在严重住房支付能力的北京和上海地区，具有价格传染和区域间波动性外溢的显著证据。曾祥渭和刘志东(2015)利用 DCC-MGARCH 方法,研究了我国典型城市群住宅价格的城市间波动性外溢,特别关注了波动性的动态时变特征,获得了城市群城市之间波动性外溢要强于非城市群的证据。

1.4.3 文献研究的评述

从国内外文献来看,关于住宅价格空间互动的研究成果较为丰富,学者们的研究工作呈现如下几个方面的特征:

(1)从研究区域的选择来看,关于住宅价格空间互动性的研究几乎覆盖了绝大多数经济活跃的国家和地区。最早英国学者关注这一问题并提出波纹效应,美国学者提出扩散效应,随后学者们在欧洲、亚洲和非洲经济发达的国家和地区寻找到类似的证据,表明住宅价格城市间的互动性在世界各地都客观存在,并长期引起学者们的关注。特别是近年来,国际主流杂志发表的研究成果中,关于亚洲国家的研究较为丰富,如新加坡,马来西亚,中国内地、香港和台湾地区。而且,学者们所选择的研究区域,几乎都集中在大都市区或者与其对等概念的地区。

(2)从研究方法来看,学者们所选择的方法非常之多。从理论研究方法来看,经典的经济学理论分析方法、新经济地理理论方法以及金融学理论分析方法,都为学者们所借鉴。在实证研究上,从经典的时间序列单位根检验、协整关系检验,到面板单位根检验、面板协整检验、均值回复、动态随机一般均衡、格兰杰因果关系检验、T-Y 格兰杰因果关系检验、向量自回归、结构向量自回归和空间因素的加入,再到小波分析、谱分析、方差分解,以及 ARCH、GARCH、SARCH、DCC-GARCH 等,这些有效的手段为丰富研究的内容和获得新颖的结论起到很好的作用。值得注意的是,近年来利用空间计量理论研究住宅价格空间互动性问题,被认为较好地刻画了数据规律和经济现实,是学者们关注的热点之一。

(3)从研究所得到的结论来看,可能因为采用的方法多样、研究地区的不同和样本时段的差异,截至目前,不论是住宅价格的收敛性、空间溢出性、“波纹效应”的存在性,还是传导模式的总结、传导机制的凝练等,学者们均未达成一致。

文献中已有的成果对本书写作是很好的借鉴和启发,但还有值得进一步完善之处。

①关于住宅价格互动性研究的现有成果中,较多来自实证研究,而理论机理的探讨尚需加强。虽然有学者从经济收敛理论、静态蛛网模型以及新经济地理等理论给予了一定的论证,还不够深入和全面。正如 Meen(1999)所述,尽管商品住宅价格城市间互动性在世界各地都获得了有效证据,但缺乏从经济理论

予以令人信服的论证。此外,有关城市群内住宅价格互动性的演化机理、动力机制、传导媒介和空间表现形态等,缺乏从理论层面的归纳和系统总结。

②在讨论住宅价格互动关系存在性和影响因素时,学者们所采取的研究方法非常丰富,但仅有少数文献对经济变量的时变性特征予以关注。近年来空间计量理论被广泛应用到住宅价格的空间互动关系的研究中,如空间 Hedonic 模型、空间向量自回归和空间 GARCH 模型,但几乎均采用了固定空间权重矩阵来刻画地区之间相互依赖关系,忽视了相互依赖关系随着经济现实的发展变化而产生时变性。

③城市群是我国的重要发展战略,城市商品住宅在城市群的体系中发挥着重要的作用,应该从住宅价格角度来思考城市群的协调发展问题,而国内外文献中较少涉及。此外,我国学者在考虑城市商品住宅价格空间互动关系时,区域选择上多受样本的限制,要么笼统按照东、中、西部划分,要么仅包含某个城市群,缺乏对我国典型城市群进行的系统研究。

④Meen(2016)年撰文,建议将重大事件、大数据和新闻媒体发布的信息对住宅市场空间互动关系的影响加入研究当中,认为是今后值得关注的研究领域。我国住宅市场化改革和发展运行的历史与西方国家相比较为短暂,广大民众对住宅市场给予了较多的关注,形成了一些有着中国特色的影响因素,研究中对此还比较欠缺。

⑤研究数据的选择上,国内限制于数据的统计口径和数据保密性等原因,现有研究中缺乏选择月度或季度数据进行更为精细的研究。

1.5 研究设计

1.5.1 拟解决的关键问题

(1)构建"核心—节点"结构的城市群两部门理论模型,达到空间一般均衡状态时,研究城市间商品住宅价格互动性的理论关系,并厘清价格空间互动的动力机制、传导媒介和互动的表现形态。

(2)探讨我国三个典型城市群内商品住宅价格城市间的传导状况与特征。

(3)探讨我国三个典型城市群内商品住宅价格的收敛性特征。

(4)研究动态时变性条件下三个典型城市群商品住宅价格的城市间外溢性特征。

(5)研究三个典型城市群商品住宅价格互动的影响因素及其产生的溢出

效应。

1.5.2 研究思路

本书从城市群视角来分析城市商品住宅价格城市间互动性。首先，从理论上探讨了城市群视角下商品住宅价格城市间传导和外溢的理论机理，总结价格互动的动力机制、传导媒介和互动的空间表现形态。其次，选取三个典型城市群部分城市的商品住宅价格指数，研究城市群内住宅价格空间互动关系的存在性、传导的源头所在以及互动的空间表现形态；随后从动态时变的角度，基于 DCC-MGARCH 模型计算动态条件相关系数和动态条件方差，研究商品住宅价格城市间时变的波动性外溢情况，并构建参照组对比城市群城市与非城市群城市互动关系和时变波动性外溢的异同；此外，借助动态条件相关系数，对“限购令”政策的实施所产生的长短期效果进行分析。最后，构建商品住宅价格互动影响因素模型，利用时变空间权重的动态空间面板数据模型，对影响商品住宅价格城市间波动的因素进行了实证分析。除了第 1 章是背景与问题的提出以及文献综述外，余下各章的研究按照如下思路展开。

第 2 章，构建城市群商品住宅价格互动的理论模型。从城市商品住宅的使用属性和投资属性出发，基于区域经济学理论、城市群理论、经济收敛理论和行为金融学理论等，探讨了城市商品住宅价格区域互动的理论机理。首先，梳理了城市商品住宅价格的形成理论以及梳理了支持住宅价格空间互动的相关理论：包括经济收敛理论、地理学第一定律、城市群增长极理论、行为金融的羊群效应理论和空间套利理论等。然后建立了包含住宅商品的居民和厂商两部门“核心—节点”结构城市群模型，在空间一般均衡条件下，通过数值模拟探讨“核心—节点”城市住宅价格的互动关系，寻找支持住宅价格空间互动性存在的理论证据。并分析了住宅价格空间互动的动力机制、传导媒介和互动的表现模式。

第 3 章，研究城市群商品住宅价格的收敛性。在梳理商品住宅价格城市间收敛性检验方法的基础上，分别从长期随机收敛和时变相对收敛性两个角度，对我国三个典型城市群区域内部分城市（其中京津冀 5 个城市、长三角 8 个城市和珠三角 3 个城市）商品住宅价格的收敛性进行检验，以确定住宅价格空间互动的存在性。为验证收敛性是否为典型城市群所特有，先后互换三者的核心城市，构建 6 个参照组和调整部分非核心城市构建 3 个参照组，分别进行相应的收敛性检验，并对比异同。

第 4 章，研究城市群商品住宅价格城市间的传导特征。在充分考虑城市群城市之间的紧密联系的条件下，通过对经典的 Granger 因果关系检验进行改进，利用基于空间向量自回归(SpVAR)模型的 Spatial Granger 因果关系检验方法,分别识别三个典型城市群区域内价格互动发起的源头,并利用空间脉冲响应函数方法(SIRF)对源头城市实施外生冲击,研究冲击影响的幅度和滞后的时长,进一步厘清三个城市群各自价格互动传导的空间表现模式。

第 5 章,研究城市群商品住宅城市间波动性外溢。特别考虑到住宅市场运行环境具有时变性和住宅价格的集聚性特征,建立 DCC-MGARCH 模型计算三个典型城市群城市商品住宅收益率的时变动态条件相关系数和动态条件方差,分析价格城市间的溢出效果。针对 2011 年我国实施的区域性城市住宅的"限购令"政策,对比"限购令"实施后长短期内对外溢性所造成的影响。调整城市群的核心城市和非核心城市,分别构建了 9 个对照组,对比分析上述波动性外溢特征是否是三个典型城市所特有,为城市群城市之间所存在的特殊联系对商品住宅价格的互动寻找支持性证据。

第 6 章,研究城市群商品住宅价格城市间互动的影响因素。首先基于一般均衡理论,构建了影响城市商品住宅价格的理论模型,市场出清条件下,推导均衡价格的决定因素。基于行为金融理论,从住宅购买者角度出发,将媒体情绪纳入购买者最优决策模型,探讨媒体情绪与商品住宅价格的理论关系。在上述分析的基础上,选取我国三个典型城市群的相关变量的季度数据,基于时变空间权重矩阵的动态空间面板数据模型(TVSWM-DSPD),对城市商品住宅价格区域互动的影响因素进行实证研究,并分析这些因素的直接效应和间接效应(也称为溢出效应)。

第 7 章:结论与展望。总结本书的主要研究结论,提出政策建议并对未来的研究进行展望。

1.5.3 研究方法和技术路线

本书采用理论分析和实证研究、定性分析和定量分析相结合的研究方法。其中,第 1 章主要运用历史回顾法,梳理了本书研究主题的相关成果和进展;第 2 章主要运用理论分析法,即经济收敛理论、区域经济理论、金融学理论和城市群理论等相关理论,探讨城市群商品住宅价格互动的理论基础;第 3 ~ 6 章主要运用实证分析方法,重点考虑了变量的时变特征,分别运用了时变相对收敛性检验、SpVAR、空间格兰杰因果关系检验、DCC-MGARCH 模型和 TVSWM-DSPD 模型等方法,并基于 EVIEWS 和 MATLAB 等软件开展研究。

本书的研究遵循的技术路线如图 1-2 所示。

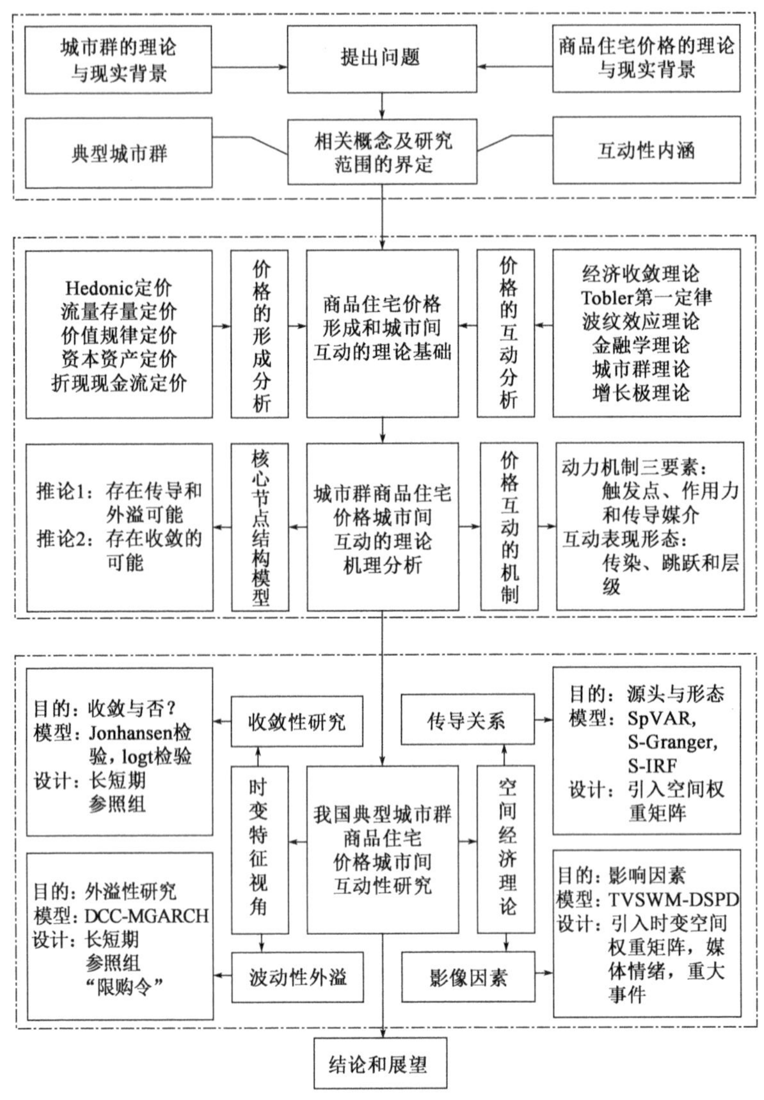

图 1-2　研究的技术路线图

1.5.4　相关概念的界定

关于“典型城市群”的概念的界定，国内外学者分别从城市数量（特别强度包含核心城市）、人口数量、城市间交通和经济联系、城市间的空间距离等多个方面予以了探讨，提出了多种标准。近年来，学者们将空间形态特征较为明显，经济活动运行的规律性较强的城市群定义为典型城市群，而将处于发育阶段的定义为非典型城市群（顾朝林，2004；肖金成，2013；黄征学，2014）。《“十二五”规划》和《国家新型城镇化规划（2014—2020 年）》中亦有“长三角、珠三角和京津冀”为典型城市群的提法。因而，本书沿袭了国家相关规划纲要中的提法。

关于“互动”的内涵，《辞海》中对“互动”的解释为：彼此影响，相互影响。柯林斯词典中，对“互动”所对应英文单词“Interaction”的解释为：“A mutual or reciprocal action”。作者梳理国际主流期刊中关于住宅价格互动的研究范围，将本书所提及的“互动”设定为：城市间价格的收敛、空间传导和空间溢出。

1.6 本书的创新点

本书的创新点包括：

（1）系统梳理了支持住宅价格城市间互动的理论，并提出“核心—节点”结构的城市群住宅价格区域互动理论模型，达到空间一般均衡时，模拟求解得到“核心—节点”城市住宅价格互动变化的理论关系；系统总结了住宅价格城市间互动的动力机制、空间传导的媒介以及互动的外在表现模式，丰富了城市群的理论。

（2）本书特别强调了经济变量的时变性特征对住宅价格空间互动性的影响。在价格波动性溢出的研究中，基于 DCC-MGARCH 模型计算了住宅收益率的时变动态条件相关系数和动态条件方差，研究了住宅价格城市间的时变波动性外溢特征（本书第 5 章）；在住宅价格互动影响因素的研究中，综合利用城市间相互作用强度和高斯核衰减函数构建了时变的空间权重矩阵，与动态空间面板数据模型相结合，构建了 TVSWM-DSPD 模型，运用于实证研究并发现了较为新颖的研究结论（本书第 6 章）。

（3）在研究视角选取上，本书聚焦于我国三个典型城市群，并利用空间计量经济理论刻画城市间特殊而紧密的相互联系。在住宅价格空间传导关系的研究中，基于 SpVAR 模型，分别选择了空间格兰杰因果关系检验和空间脉冲响应函数方法（本书第 4 章），以及前文已介绍的第 6 章采取了 TVSWM-DSPD 模型开展研究。

（4）本书特别关注了一些具有时代特色的因素和事件，研究工作贴近我国社会经济的现实情况。在住宅价格互动性影响因素的实证研究中，特别将媒体情绪纳入研究框架，并基于开放数据（Open Data）构建了的媒体情绪的代理变量,后续研究中,其参数估计、直接效应和间接效应估计均通过了显著性检验(本书第6章);通过设置虚拟变量,将城市群发展的重大事件引入模型,获得了满意的结论(本书第6章);基于动态时变相关系数研究了“限购令”政策所产生的长短期外溢效果,发现“限购令”并非能使价格回归合理区间的长效机制(本书第5章)。

第2章　城市群商品住宅价格城市间互动的理论基础

本章综合利用房地产经济学、区域经济学、空间经济学和行为金融学以及城市群的有关理论，介绍城市群视角下城市商品住宅价格的形成，以及价格在城市群区域内互动的理论机理，并重点介绍了商品住宅价格城市间传导、溢出和收敛的理论，以及价格城市间互动的动力机制、传导媒介和空间表现形态，为后面章节的实证研究奠定理论基础。

2.1　城市商品住宅价格确定的方法

城市商品住宅是“房、地和产”的复合体，具有消费和投资的双重属性，其价格的确立较为复杂，文献中学者们从不同角度对此进行了研究，给出了多种定价方法。

2.1.1　从消费品属性出发的商品住宅定价方法

(1) Hedonic 模型定价法

1939 年 Court 借鉴功利主义者的享乐哲学提出 Hedonic 定价方法(Hedonic Pricing)，最早应用于汽车消费定价的分析，后来广泛应用于耐用品的定价之中。

在竞争性的市场环境中，假设所有家庭的偏好是同质的，收入水平是无差异的，达到市场均衡条件时，家庭作为住宅消费者的效用函数也应取得最大值，此时，消费者所支付的住宅购买价格，应当能补偿住宅使用(属性值)所带来的各种舒适感。那么，住宅的市场价格可以由住宅属性值的函数来表示，这一过程可以表示为：

$$\text{Price} = \alpha + \gamma_1\Gamma_1 + \gamma_2\Gamma_2 + \cdots + \gamma_n\Gamma_n \tag{2-1}$$

式中：$\Gamma_1, \Gamma_2, \cdots, \Gamma_n$——住宅的属性；

Price——住宅的价格。

通过采集住宅的属性值，可以估计 $\gamma_1, \gamma_2, \cdots, \gamma_n$，进而计算价格数值。

但上述过程无法体现边际效用递减的基本经济规律，学者们将定价模型进一步调整为：

$$\text{Price} = \alpha\Gamma_1^{\gamma_1}\Gamma_2^{\gamma_2}\cdots\Gamma_n^{\gamma_n} \tag{2-2}$$

通过下式来进行参数估计：

$$\ln\text{Price} = \ln\alpha + \gamma_1\ln\Gamma_1 + \gamma_2\ln\Gamma_2 + \cdots + \gamma_n\ln\Gamma_n \tag{2-3}$$

为了体现时间因素对价格的影响，需要将时间变量加入 Hedonic 定价方法之中，学者们进一步对模型进行了修正：

$$\text{Price} = [\Gamma_1^{\gamma_1}\Gamma_2^{\gamma_2}\cdots\Gamma_n^{\gamma_n}]e^{\theta_1D_1+\theta_2D_2+\cdots+\theta_TD_T} \tag{2-4}$$

而在实际参数估计时，可以通过取对数予以简化：

$$\ln\text{Price} = \gamma_1\ln\Gamma_1 + \gamma_2\ln\Gamma_2 + \cdots + \gamma_n\ln\Gamma_n + \theta_1D_1 + \theta_2D_2 + \cdots + \theta_TD_T \tag{2-5}$$

关于 Hedonic 模型的属性内容，主要集中在四个方面：住宅的建筑特征，包括住宅的面积、朝向、楼层等特征指标；邻里特征，包括住宅所在的位置的自然环境，周围的生活配套，教育、医疗和文化等公共服务设施水平等；区位特征，包括住宅所在城市的区位、住宅项目的区位以及住宅周边的交通状况等；其他特征，主要体现为时间因素。

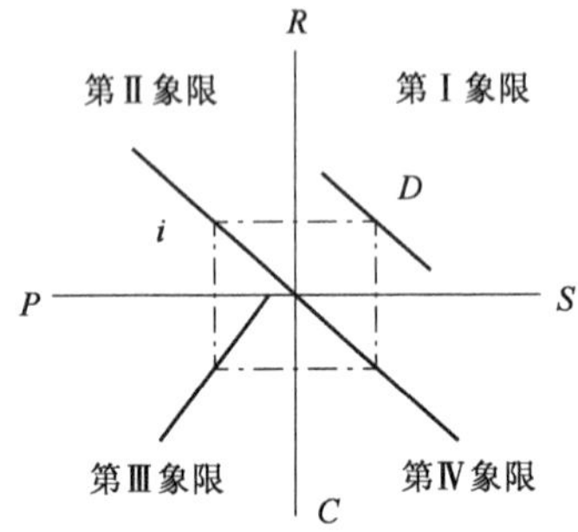

图 2-1 存量—流量模型图

(2)存量—流量定价

存量—流量定价法是由 Wheaton(1990)和 Wachter(2005)分别建立和完善的一种住宅价格定价方法。该方法认为住宅价格是租金的资本化的表现，即 price = R/i，并设计了四个象限将住宅价格动态变化关系描述出来(图 2-1)。

图中，P 为商品住宅价格，R 为住宅的租金，S 为住宅存量，C 住宅新增量。其中，第Ⅰ象限描述了存量房市场，斜线 D 表示了住宅存量与住宅租金之间的关系；第Ⅱ象限描述了住宅资产市场，斜线为住宅价格和租金之间的关系，斜率表示租金资本化率；第Ⅲ象限也描述了住宅资产市场，横轴是住宅市场价格，纵轴表示住宅的新建量，不经过原点的斜线表示当住宅价格低于成本时，新建量为零；第Ⅳ象限又回到存量房市场，当新建住宅量等于住宅折旧量时，市场上的存量房保持不变，大于或小于折旧量时，都会引起市场住宅存量变化，进而租金产生调整，最后导致价格的变化。

(3)价值规律定价方法

从单个城市角度出发,学者们利用马克思主义的劳动价值论和地租理论分析城市商品住宅的价格形成。马克思主义认为价格是其价值和使用价值的统一体,价格是价值的货币外在表现,价格始终围绕价值而上下波动。对城市商品住宅而言,其价值基础仍然源于所附着的人类劳动价值和土地的价值。

土地价值在住宅价格中占据较大比重。马克思批判地继承和发扬了大卫·李嘉图的地租理论,认为土地的价格是土地租金的资本化,并将土地的级差地租进一步分解为级差地租Ⅰ和级差地租Ⅱ。其中,级差地租Ⅰ表示在相同投资水平下,因为土地天然肥沃程度的差异和距离市场远近的不同,而导致农产品产出收益不同,进而使得转化为地租的超额利润存在差异。级差地租Ⅱ则可以理解为相同地理与资源条件下,因为对土地持续投资和经营能力的差异,而导致产出的差异。马克思级差地租理论以农业生产为背景而提出,学者们将其发展至城市土地市场,并赋予两类级差地租新的内涵。例如,将级差地租Ⅰ理解为城市土地的区位,而将级差地租Ⅱ理解为围绕土地所进行的持续投资,诸如公共服务投资、交通条件投资等(陈征,1995)。

2.1.2 从投资品属性出发的商品住宅定价方法

(1)资本资产定价方法

资本资产定价方法将住宅看成投资品,利用金融学资产定价的原理来给予定价。最为常用的资本资产定价方法主要可以分为三类:

第一类是基于无套利均衡原理的资本定价方法。其遵循的基本逻辑,是当市场达到均衡状态时,不会出现套利机会。此时,等额资本投资于住宅资产,所获得的收益应该与投资于其他资产的收益是相等的。这类定价方法最为简单的应用是房价租金比原理。近年来,Ortalo-Magné(2016)等学者将这种无套利的思想发展至空间维度,认为区域内满足有效市场的理想状态时,不会存在空间套利机会,由此形成空间资本资产定价方法。

第二类是消费的资本定价原理。Okumura(1997)、Campbell(2006)等认为住宅价格由住宅和消费的跨期均衡决定,并提出了住宅的消费资本定价原理,被学者们应用于住宅价格波动的研究。

第三类是基于期权定价原理的住宅定价方法。Black 和 Schokes(1973),Merton(1973)分别发表了期权定价的经典论文,奠定了金融期权定价的理论基础。Myers(1977)将期权思想引入实物投资领域,提出了实物期权的概念。Couly(2002)、Pavlov(2004)在考虑存在按揭贷款的背景下,提出应用期权定价原理来确定住宅价格的方法。

(2)折现现金流量定价法

大卫·李嘉图在其城市土地租金理论中,在考虑住宅区位的前提下,提出任何时间、任何地点的住宅价格,是住宅所在区域的未来租金流的折现值。

$$P_t(d) = \underset{t\to\infty}{\mathrm{PDV}}[R_t(d)] \tag{2-6}$$

2.2 城市商品住宅价格空间互动的理论基础

城市商品住宅因其所附着的土地在空间上具有不可以移动的属性,而不能像其他商品一样便于流通,且决定住宅价格的基本要素在城市之间往往也存在显著的异质性,因而不少研究中都判定住宅市场是区域性的市场。

在城市群视角下,基于区域经济一体化的假设条件,各个单体城市被认为是有着密切的经济关系、人口流动或信息与技术交流的有机整体,城市被描述成“一个复杂的整体、一组相互联系着的事物或区域生产生活空间”。此时,城市的商品住宅价格不仅受单个城市的因素影响,还会受到城市群内邻近城市因素的影响。因此,在城市群视角下,忽视城市间客观存在的联系对住宅价格的影响,将会对商品住宅价格的形成与变化的机理认识有偏颇。

梳理现有区域经济和社会发展的相关理论,发现在城市群一体化发展的条件下,经济收敛理论、地理学第一定理和房价的“波纹效应”等诸多理论,均支持城市商品住宅价格在异质性的区域间也应保持互动联系。

2.2.1 经济收敛理论

新古典经济增长理论认为,从长期看不同经济体的人均产出水平会收敛于稳定状态。经济收敛理论最早源于 Solow 描述经济增长的研究,在新古典增长模型框架下,假定资本的边际报酬递减,距离稳态的人均收入越远的经济体,其人均收入增长率将越大。即在人均意义上,贫困经济体比富余经济体的经济增长要更快,经济体之间趋于收敛(Barro 和 Sala-I-Martin)。

在实际研究中,Barro 和 Sala-I-Martin 提出 β 和 σ 收敛。其中前者是指如果贫穷经济体的人均收入或产出倾向于比富有经济体增长得更快,进而穷国倾向于赶上富国。后者为从离差的角度来刻画国家和地区间的经济收敛性,具体表现为,如果区域间离差持续下降,则出现经济的收敛性。经济收敛理论可以由图 2-2来示意(离差形式)。

随后,学者们将这一理论运用于世界上不同国家和地区之间经济增长的经验研究,寻找到了经济增长区域间收敛的有力证据。典型成果有:Barro 和 Sala-I-Martin 对美国各州、日本各辖区和欧洲地区经济以每年 2% 的速度收敛,以及 OECD 国家间的收敛;Coulomber 和 Lee(1993)对加拿大国内各地区间的收敛;Cashin(1995)对澳大利亚国内各地区间的经济收敛研究;Carvalho 和 Harvey (2005)利用美国的统计区域 1950—2000 年间数据,发现了两个最富有的地区的人均收入呈现收敛的证据。

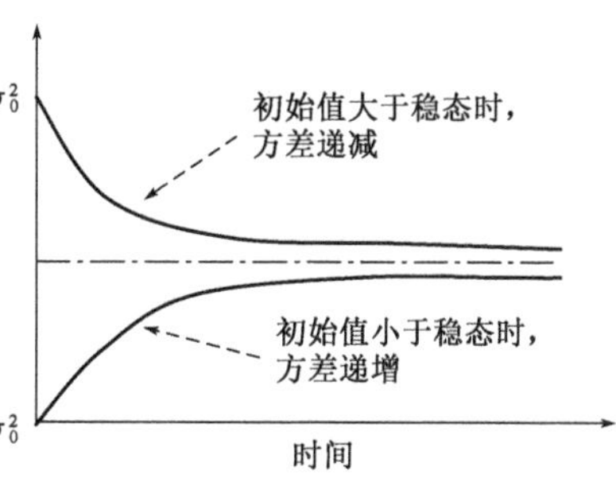

图 2-2　经济增长收敛示意图

利用经济内生增长理论证明经济增长趋于收敛时,可在模型中增加住宅部门(House Sector),进而能证明住宅价格也能内生决定,且价格的增长率趋于收敛。Rebelo(1991)建立了包含住宅部门的经济增长模型,假定区域内人口数量为 1,土地供应量固定不变,区域内的个人遵循如下效用函数:

$$u(c_t,h_t) = \ln c_t + w\ln h_t \tag{2-7}$$

式中:c_t——所消费的非住宅商品;

h_t——住宅存量;

w——偏好参数。

此外,区域内的个体既是非住宅商品的生产者,又是住宅商品的生产者。并假定住宅的建造仅需要资本品和土地(土地用 l_t 表示)。每个个体在终生时间内均追求最大化其效用函数,即:

$$\max U = \sum_{t=0}^{\infty}\gamma_t u(c_t,h_t) \tag{2-8}$$

面临的预算约束条件,可以表示为:

$$c_t + k_{t+1} + k_{t+1}^h + p_{1,t}(l_{t+1} - l_t) + p_t h_t^m = Ak_t \tag{2-9}$$

$$h_{t+1} - h_t = h_t^m + (k_t^h)^{\alpha}(l_t)^{1-\alpha} \tag{2-10}$$

Leung(2003)通过一系列技术手段处理和优化求解和,可以得到在稳态时的表达式:

$$x \approx \alpha g \tag{2-11}$$

$$y \approx (1-\alpha)g \tag{2-12}$$

式中:g——非住宅商品的产出增长率;

x——住宅存量增量率；

y——住宅价格增长率。

以上两式表明，住宅存量增长率不可能快于非住宅商品的增长率，因为受制于固定的土地供应量；而价格增长率随着建设用地的比例 $1-\alpha$ 而变化。

学者们将经济收敛理论进行了发扬和合理迁移，认为其也适应于其他资产价格或收益率的区域间收敛研究。如 Koutmos 和 Booth（1995）、Booth（1997）、Fraser 和 Oyefso（2005）、Kim（2006）、Chiou（2009）以及 Alexakis（2010）对股票市场和债券市场价格收敛的研究，得出不同区域间资产价格或收益率也存在收敛性的证据。特别是以 Meen 为典型代表的英国学者，将收敛性理论应用于住宅市场，对英国住宅市场价格进行了经验性研究，研究成果获得主流杂志及学者们的广泛认可。近年来，Yunus（2015）将该理论应用于对全球范围内住宅市场价格的收敛性进行了研究。

经济收敛理论是住宅市场的分割（Segnementation）、住宅市场价格长期均衡关系的判定的理论基础，是支持和解释住宅价格城市间互动的重要理论之一。

2.2.2 地理学第一定理

地理学第一定律（Tobler' s First Law 或者 Tobler' s First Law of Geography），由美国地理学家 Tobler 教授 1969 年提出，完整的理论表述于 1970 年在《经济地理》杂志发表，这一理论是空间经济理论的核心基础。该理论认为“空间中的任何事物都相关的，只是距离相近的事物比远的关联要更紧密”，这与牛顿万有引力定律（Newton' s Law of Universal Gravitation）所持观点一致。

虽然地理学第一定律的表述十分简单，但蕴含的意义却非常深刻，为地理学的进一步发展和空间经济理论的建立奠定了坚实的理论基础。特别是后续以地理学第一定理为理论基石而发展的空间计量经济理论，对经典计量经济理论形成了有益补充，使理论更加贴近经济社会的现实情况，被认为是 20 世纪计量经济理论最重大的创新之一。

地理学第一定律用于解释城市群商品住宅价格的空间互动性问题时，其重要意义体现为两个方面：其一，城市间商品住宅价格不再是空间上彼此独立的个体，而是保持一定的相关性和互动性。这为城市间商品住宅价格空间互动关系的存在性提供了理论依据。其二，城市间距离的远近将会反映到其商品住宅价格的相互影响程度上，且遵循“近大远小”的基本原则，在理论上为城市间商品住宅价格互动关系可能的表现结果进行了预见。

Tobler 教授提出地理学第一定律后，一度引起学术界的高度关注和讨论，原因是该理论简单易懂，贴近现实。学者们讨论的焦点集中在“距离相近”究竟应该如何准确界定。一直以来，学者们没有停止发展和修正了这一理论的脚步，近年来提出地理学第一定律“在一定空间距离范围内是成立的，而超出范围则不再成立”的新观点。

此外，关于城市间“距离”计量标准的确定，学者们提出了多种度量指标，与住宅市场密切相关的有：城市间的空间距离、城市间的经济距离、城市间交通可达性距离以及城市间的人口结构距离等。

城市群内城市间往往空间邻接较近，彼此之间的交通联通网络较为发达，且经过政府的行政推动与市场机制运作，城市间经济得到协同发展，使得无论从空间距离还是经济距离来衡量，都较为符合地理学第一定律所提倡的“一定空间距离”的要求。

2.2.3　“波纹效应”理论

“波纹效应”起源于学者们对物理现象的抽象：当坠物进入平静的水面时，会导致水波以坠落点为中心向水面四周传递开去。后来这一理论应用于描述经济现象和社会心理现象，比如某个经济体的个人消费支出减少，经过经济系统的传导，最终这种影响会直接或间接传递到其他经济体，使得其他经济体的个人消费支出也减小。

20 世纪 90 年代，住宅市场的“波纹效应”理论被英国学者们应用于对英国区域房价波动变化的经验研究，其直观的表现为英国东南部城市住房价格波动往往领先于其他邻接地区，且这种变化犹如池塘水面的波纹一样，向邻接的空间区域扩散开去。随后，大量以世界上各地区住宅市场为研究对象的实证研究成果发表于国际主流杂志，予以印证该理论的存在性和正确性。“波纹效应”理论应用于商品住宅价格城市间互动性最为典型的研究成果，是 Meen(1996,1999)先后发表的系列文章，研究了英国大都市区域的住宅价格波动的“波纹效应”存在性及其产生的原因：人口区域间迁移，资本区域间转移，空间套利和决定住宅价格的因素在区域间的异质性。

虽然住宅市场“波纹效应”理论的客观存在性在世界各地区获得了强有力的支持性证据，但长期以来，其产生的原因却缺乏在经济学框架下给出的具有信服力的理论论证。但这并未影响到研究者对该理论的进一步创新，近年来，学者们将“波纹效应”理论逐渐拓展至描述住宅交易量区域互动性研究，以及不同资产(如住宅资产与金融资产)之间的互动性研究。

2.2.4 金融学理论

城市商品住宅同时具有居住和投资的属性,不论在国外还是国内,住宅都是家庭的重要的资产,在大型金融机构的资产组合中也占有重要比重。住宅价格的空间变化也是金融研究者们长期关注的重要指标之一。金融学的空间套利理论、羊群效应以及情绪传染理论等可以解释城市群商品住宅价格城市间互动的现象。

根据砝码(Fama)所提出的有效市场理论,在完全有效的市场上不存会在套利机会,等量资本的回报应遵循"一价原理"。有学者指出,不同地域的城市商品住宅至少在两个方面不满足"一价原理"的基本假设:其一,城市商品住宅是异质的而不是同质的;其二,城市商品住宅地理位置相对固定,是不可在区域间自由移动的商品。随后学者提出"空间套利"理论来解释住宅价格的城市间互动变化,Pollakowski 和 Ray(1997)对美国大都市区域的住宅市场进行研究,发现了部分空间套利的证据,Gupta 和 Miller(2010)曾将"一价原理"理论应用于解释不同地区间住宅市场价格的互动关系,认为投资者通过空间套利原理,使其资金在低房价地区获取利益,此时,是金融资本的空间流动而不是住宅实物区域间移位,连接了地区间住宅市场完成了空间套利。

有学者利用"羊群效应"和"买涨不买跌"的投资心理来解释购房者的非理性行为导致住宅价格的区域间溢出现象。根据行为金融学理论,投资者并非完全遵循"理性经济人"的理论假设,且住宅投资者往往是非熟练的、非理性的和从众的,这对住宅购买决策产生了重要的影响。特别是在价格剧烈波动变化时段,投资者过度自信、媒体的大量报道以及适应性预期下所形成的正向或负向的反馈环,形成非理性购买的放大机制。

还有学者认为住宅投资者易于受到其情绪的影响,且这种情绪会经过现代媒体的传播而快速在不同城市间传染,而产生"恐慌""盲从"和"冲动"心理,进而刺激购买行为,导致城市住宅价格的变化在空间传染与溢出。

2.2.5 城市群的理论

城市群的内生演化理论认为,城市的形成、发展和扩大的过程,是人力、财力和物力在地域空间上不断流动、集聚和扩散的过程,随着专业化分工程度的提高,生产要素会在一定空间范围内产生集聚,形成区域内的核心城市。随着生产力水平的进一步提升,在核心城市和节点城市间形成产业链,引致城市的集聚与组合,经过长期的发展,逐步演化为区域性的城市空间结构。

城市群理论认为城市空间结构是一个系统，每个城市在城市结构体系中都发挥着一定功能，具有一定的"能量"，并且持续蓄积和散发着自己的"力量"，时刻与周围城市保持着动态联系。具体而言，城市群的结构体系在运行过程中还具有如下特征：第一，结构体系运行过程的动态性。城市群理论认为城市空间结构类同于世间万物，具有永恒变化的特征，城市体系的规模、城市的层级结构都随着内外部条件的变化而不断运动变化着。第二，城市群具有空间的网络结构性。第三，城市群的结构体系具有开放性。这体现在处于城市结构体系之中的城市，不仅与区域内的城市有着密切连接关系，还必须与区域外保持着联系，随着城市间经济活动的调整而动态变化。第四，城市群内城市间具备彼此吸引与辐射的功能。一般来说，在城市群区域内，城市群的核心城市所具有的吸引与辐射功能最强。随着城市间交通网络的完善，资源要素在城市体系内迅速集聚与流动，核心城市与周边中小城镇间相互集聚与扩散几乎同时发生，使城市群的整体功能得到进一步改善与提升。

城市群理论关于城市间相互辐射作用的描述，应用于城市商品住宅市场上，各住宅市场之间会客观存在着相互作用和影响关系，为各个市场的价格存在互动变化提供了理论依据。

2.2.6 增长极理论

这一理论在屠能关于农业区位的研究中有类似思想的体现，处于屠能环中心的区位是增长极的雏形，只不过屠能是以农业生产为研究对象。法国学者佩鲁20世纪50年代所提出的经济"增长极"理论，主张区域经济发展是非均衡的，往往首先由个别区域先行发展，形成增长的极点，经过多种渠道辐射，由其带领周边区域共同发展。20世纪60年代，罗德文(Rodwin)对增长极理论进行改进，加入空间经济的含义。赫尔希曼(Hirschman)探讨了增长极理论的两种作用机制：极化效应和涓滴效应。谬尔达尔(Myrdal)在其著作《循环累积因果原理》中，对这种集聚和极化效应进行了进一步阐述，提出了"扩散效应"和"回吸效应"。

城市商品住宅市场是城市经济社会发展的必备要素，住宅市场和住宅价格的变化，是区域间资源流动和集聚的结果。在生产要素城市群区域内自由流动的假设条件下，随着生产力水平进一步提升，会促进城市群中"增长极"形成，此时，住宅市场的增长极将作为伴随资源流动的产物，也会形成"增长极"。依据增长极理论，有着联系的区域的住宅市场之间也会保持"扩散效应"和"辐射作用"，使得各市场之间的住宅价格也存在互动关系。

2.3 城市群视角下城市商品住宅市场体系与运转

城市商品住宅作为现代城市结构体系中极为重要的元素，对城市功能的正常运转，城市综合竞争力的提升和城市群的协调发展都起着重要的作用。

2.3.1 城市群区域商品住宅市场体系

城市住宅作为满足人类参与城市经济活动的最基本保障之一，除了满足居住需求外，还与城市经济发展协调发展以及城市综合竞争力提升等紧密地交织在一起。对单个城市而言，为实现协调发展和竞争力提升，需满足如图2-3所示的“四位一体”条件，即城市的产业发展水平、城市的人口数量、城市的住宅数量和城市的公共服务水平的协调发展。只有四者相辅相成，协调发展，才能共同支撑城市经济社会平稳发展。四者的协调发展，指它们的比例关系要适应当时的社会经济发展的要求。

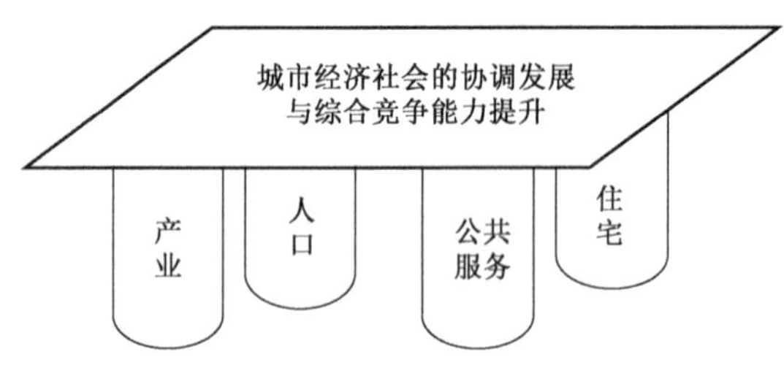

图2-3　城市的住宅、产业、公共服务和人口“四位一体”发展示意图

在城市群体系内，因为产业的集聚与转移，人口的跨区迁徙等社会经济活动相对较为顺畅和频繁，加上公共服务的外部性特征，可以认为核心城市与节点城市的商品住宅市场也是一个完整的有机整体，共同构成了城市群的住宅市场体系。这一市场体系伴随着城市群结构体系的运转变化而保持着互动关系，这种互动关系的支撑基础在于城市有机体的运转与人类的生活和经济活动密不可分。

2.3.2 城市群区域商品住宅市场体系的运转

城市群住宅市场体系的结构和运行过程可以抽象地用图2-4描述。图中最外层的虚线圈代表城市群的边界，虚线之内是城市群所覆盖的地理空间范围，也是本书研究的边界所在。中心部位粗实线圈代表城市群核心城市的住宅市场，本书将众多围绕在其周围的节点城市的住宅市场抽象为三个节点市场，在图中用细实线圈表示。核心城市与周围节点城市之间同时存在着相互的吸引和辐射作用，图中用双向箭头表示，箭头的粗细代表作用的强弱。可以认为如果城市间空间距离近，或城市间经济联系密切，则作用更强。此外，三个节点城市彼此也存在相互的吸引和辐射作用，本书假定其在程度上不如与核心城市之间的作用大，在图中用双向细实线箭头表示。城市群内密集流动的资金流、物流、人口流和信息流是各住宅市场产生互动关系的原动力，在图中用双向的虚线箭头示意。另外，城市群住宅市场体系还易受到政治因素和政策因素的影响，在图中用虚线方框所示。

随着资源的流动和政策因素的调整，城市群住宅市场体系存在着时间维度和空间维度的动态演化关系。

从时间维度看，随着城市群区域内资金流、信息流、物流和人口流的流动，城市体系也会逐渐运转和变化。经过竞争和辐射作用，城市的住宅市场会发生扩充、转移或压缩，如图 2-4 中实线圈向虚线圈变化所示。此时，城市住宅市场的相互关系也随之发生变化，由于住宅的供给周期较长，这一变化过程是缓慢进行的。

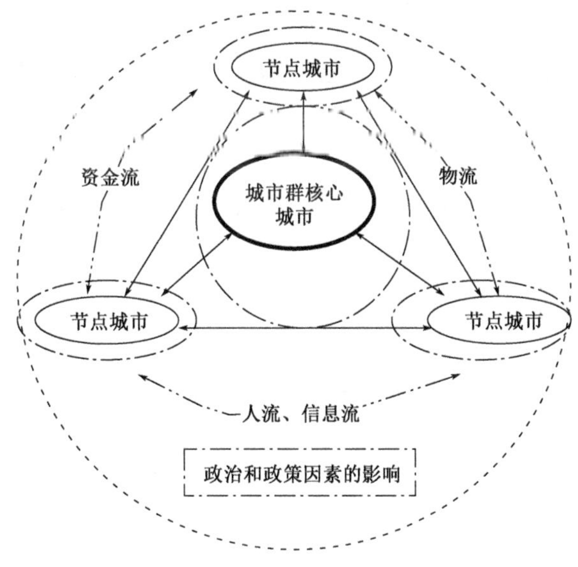

图 2-4　城市群商品住宅市场的互动关系变化示意图

从空间维度看,城市群城市结构体系形成和变化时,易受到政治因素或政策因素的影响,导致城市层级的快速跃迁,这种变化也会导致住宅市场结构体系的剧烈变动。例如,某个时刻关于城市群发展的重要规划的出台,某个节点城市重大公共服务项目上马,某些敏感政治事件,均可能导致空间维度的快速变化。

2.4 城市群商品住宅价格城市间互动的理论机理

本书建立"核心—节点"结构的城市群商品住宅价格城市间互动的理论模型,并经过模拟求解,得出两个城市商品住宅价格空间互动变化的理论关系,进一步演绎出住宅价格空间互动的两个推论。

2.4.1 城市群商品住宅价格空间互动的理论模型

本书借鉴 Alanso(1964),Roback(1982)和 Krugman(1991)关于城市经济研究经典模型的框架,对本书"核心—节点"结构的城市群模型设定如下前提假设:

(1)为了便于模型的建立,本书将城市群的空间结构进行简化,只考虑仅含有 2 个城市的简单情况的经济[❶],其中一个为核心城市 C_1,另一个为周边的节点城市 C_2,二者之间有通畅的交通连接;城市是圆形平坦的平原,中心区域为 CBD,围绕四周的是居住区域,居民往返于二者之间;分别用 r_1 表示核心城市的半径,用 r_2 表示节点城市的半径,假定 $r_1 > r_2 > 0$,且 2 个城市所覆盖的空间面积保持不变,$S = \pi(r_1^2 + r_2^2)$;城市的土地仅用于住宅商品和非住宅商品的生产,分别用 $s_i^c, s_i^h (i = 1,2,\cdots)$ 表示土地被使用于住宅商品和非住宅商品的面积,且土地用途可以瞬间在两者之间转化,转化成本为零。此时,可以得到:

$$\sum_{i=1}^{2}(s_i^c + s_i^h) = S \qquad (i = 1,2) \tag{2-13}$$

(2)不考虑人口从城市群区域之外迁入,城市群的居民总数保持不变,用 $N = n_1 + n_2$ 表示。居民在同一个城市居住和工作,且在城市之间可追逐高工资而自由迁移,但在城市内部由居住点向 CBD 区域移动时,按照距离支出交通费用,用 $r(x), x \in (0, r_i)$ 表示。居民仅生产和消费两种商品:住宅商品和非住宅商品,并假定非住宅商品具有复合功能(通过消费非住宅商品,即可满足工人的全

---

❶虽然根据城市群的定义,至少应该包括一个核心城市,和两个或以上的城市才能共同组成的群体,但两个城市的简单经济情况,更方便于后文计算。

部生活所需)，所有产品当期没有存货；且同一个城市内工人的技能是无差异的，城市之间是有差异的，但城市群内所有工人的偏好是同质的。两个区域的居住人口密度：

$$f_i = \frac{n_i}{s_i^h} \qquad (i = 1,2) \tag{2-14}$$

(3)城市群城市之间在经济发展上呈现竞争关系，住宅商品不可移动，而非住宅商品可以在城市间移动，遵循“冰山”交易成本的假设条件，城市之间运输商品的成本为τ，$\tau \in (0,1)$，城市群区域内达到平衡条件时，对城市的非住宅产品而言，成本加保险费加运费(CIF)和船上交货(FOB)价格的关系为：$\tau P_1^g = P_2^g$，其中，P_1^g，P_2^g 分别为核心与非核心城市的非住宅产品价格，且进一步假设$P_1^g > P_2^g$。

(4)假定城市住宅商品的单位面积价格分别为(P_1^h，P_2^h)，各个居住点的住宅单位面积价格由距离CBD的远近而折算：

$$\frac{P_i^h x}{r_i} \qquad (i = 1,2) \tag{2-15}$$

对居民而言，消费住宅商品和非住宅商品，效用函数设定为：

$$u_j = u(c_j^g, c_j^h) \qquad (j = 1, \cdots, n_i) \tag{2-16}$$

式中：c_j^g——非住宅商品的数量；

c_j^h——住宅商品的面积。

以核心城市为例，其代表性居民所面临的预算约束条件为：

$$c_{j1}^g P_1^g + \frac{c_{j2}^g P_2^g}{\tau} + c_j^h P_1^h \frac{x_j}{r_1} + r(x_j) = w_j^1 \tag{2-17}$$

式中：w_j^1——核心城市代表性居民的工资。

对代表性厂商而言，生产函数可以表示为：

$$g_l = g(s_{l1}^c, n_{l1}, A_1) \tag{2-18}$$

式中：A_1——技术进步水平。

厂商的利润函数为：

$$\pi_l = c_{l1}^g P_1^g + \frac{c_{l2}^g P_1^g}{\tau} - n_l^1 w_l^1 - s_l^1 \gamma_1 \tag{2-19}$$

式中：γ_1——用于非住宅商品生产的单位面积土地租金。

根据Krugman的建议，长期过程中，居民的空间迁移由地区之间的工资差决定，则居民空间迁移的方程可以表示为：

$$\dot{\phi} = (w_1 - w_2)\frac{n_1 n_2}{(n_1 + n_2)^2} \tag{2-20}$$

假定技术进步水平空间溢出也随着居民的迁移而发生，则技术水平的流动方程为：

$$\dot{\lambda} = (A_1 - A_2)\frac{n_1 n_2}{(n_1 + n_2)^2} \tag{2-21}$$

当达到空间一般均衡条件时，两个城市的两个部门同时达到均衡状态，此时居民和厂商均在预算约束下，效用函数和利润函数均应取得最优解。

假定厂商的生产函数为C-D生产函数，居民的效用函数为CES效用函数，核心城市的相关指标均要大于节点城市的相关指标的情况下，即 $P_1^h > P_2^h$，$w_1 > w_2$，$A_1 > A_2$，进行数值模拟求解，可以得到两个城市单位面积商品住宅价格的变化关系，如图2-5所示。

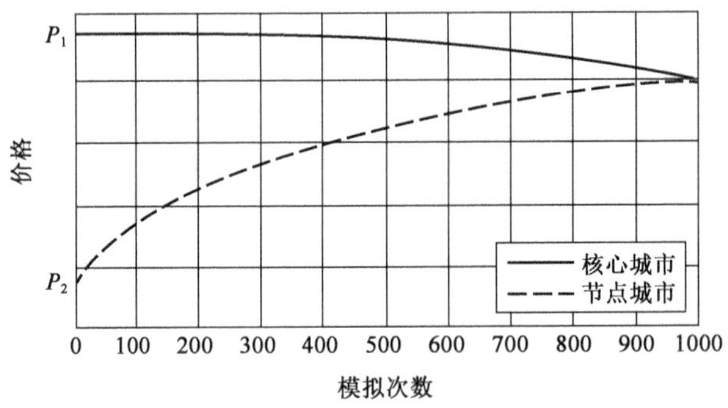

图2-5　城市群住宅价格变化情况模拟图

从图中可以看出，在本书设定的假设条件下，核心城市的住宅价格呈现逐渐下降趋势，节点城市的住宅价格则呈现逐渐上涨态势，表明两者价格之间存在互动和溢出关系。经过1000次模拟，两个城市住宅价格趋于一致。

根据这一变化特征，可以进一步得到如下两个推论。

推论1：在城市群区域内，核心城市与节点城市共同构成了有机的系统；城市之间客观存在的相互联系，会映射到城市间住宅市场的互动性上，其外在表现为住宅市场价格的空间扩散与溢出。

此外，空间经济学的相关理论也可对推论1给出部分解释。

在城市群范围内，城市商品住宅市场之间的空间距离和经济距离相对于非城市群城市要更短和更紧密一些，且城市群区域内城市间发达的交通网络和密集的经济往来，使得区域内人流、物流、资金流和信息流流动频繁。根据地理学第一定律,城市间的相互联系理应比非城市群城市间更为紧密,特别是修正后的地理学第一定律,为城市群商品住宅市场间存有互动变化关系提供了有力论证。

此外,根据城市群的辐射与吸引集聚理论,以及增长极理论,在资源自由流动的假设条件下,决定住宅价格的重要因素(人口、资金等)在城市群区域产生集聚与扩散,进而引致住宅价格的空间扩散与溢出。

推论2:在城市群区域内,随着区域一体化发展程度的提升,城市间住宅价格水平将随时间趋于收敛。

根据经济收敛性理论,如果商品住宅价格主要由地区经济增长、地区人均收入等决定,根据经济收敛理论,经济增长和收入的收敛将导致地区间的商品住宅市场价格亦呈现收敛状态。此外,其他一些因素,如劳动和资本流动也是区域商品住宅价格收敛的驱动力。

城市土地的级差地租理论认为,级差地租Ⅱ主要为公共服务设施的投资,使得住宅所在地段区位条件改善,地租水平增加,进而使得修建的住宅价格水平提升。城市群区域经济和社会发展一体化的目标,使得区域内公共服务均等化,此时,在级差地租Ⅰ相等的前提情况下,级差地租Ⅱ是趋于收敛的。进而两种级差地租资本化为土地价格也是趋于收敛的。

根据Tiebout效应,由于城市的公共服务设施具有显著的外部性特征,而在城市群区域较为紧密的城市联合体系内,即在城市间人口迁移成本为零的假设下,理性的经济人将选择更能满足自身公共服务偏好的城市购房和定居,一旦城市经济中所有购房者均做出类似的决策,基于城市公共服务供给的差异和外部性特征,人们对优质公共服务水平的竞争将导致人口的流动和集中,进而导致企业的迁移,住房需求和住房价格也随之产生变化,公共服务投资资本化为住宅价格。而人口和企业的迁入,又会因拥挤使得公共服务水平降低,挤出部分人口,最终形成均衡的工资水平和住房价格。

此外,根据金融学的"无套利均衡"基本原理,当住宅市场达到空间均衡条件时,将不存在任何套利机会,此时,不同城市间的住宅价格是存在长期均衡关系的。

2.4.2 城市群商品住宅价格城市间互动的机制

住宅价格的动力机制,指城市群区域内城市商品住宅体系运行过程中,能够推进其运行进程的各种力量和他们之间的相互作用关系。动力机制得以发挥作用,需要具备三个要素:触发点、作用力及作用媒介。触发点也可以称作互动的源头,作用力一般表现为价格互动的推力或拉力以及二者同时作用产生的合力,而作用媒介则往往表现为城市群城市间的连接关系。

城市群商品住宅价格城市间互动变化,往往由于某个城市住宅市场所触发,本书称之为价格互动的触发点或波动的源头。其主要来源有如下几个方面:城市的商品住宅市场供需失衡,城市商品住宅市场的概念炒作(例如:教育资源炒作、地王炒作)、公共服务资源,重要基础设施规划,社会资本的空间逐利,非理性购买者的羊群效应行为以及政府特殊的政策等。

城市的商品住宅市场供需失衡形成价格互动触发。根据供给需求理论,某个特定时刻,当城市群城市的供需双方失衡时,首先会引起本城市商品住宅价格的变化,形成价格互动的原始触发点,经由城市群住宅价格传导媒介,这种失衡的力量开始在城市群区域内振荡和传导。

城市商品住宅市场的概念炒作形成的价格互动触发。城市群区域内有大量的商品住宅开发商、住房中介公司,他们为了自身生存、发展和壮大,必须尽力寻找自己商品的卖点,以吸引消费者的购买力量,例如,抬高邻近地区的土地竞标价格,并大力宣扬。某些商品住宅市场所附属的优质公共服务资源(如医疗资源、教育资源和公园等),也是开发商和中介进行炒作的噱头。这些炒作往往是某些城市商品住宅价格变化的起点,即触发点,进而引起城市群区域的价格互动。特别是在当前大数据背景下,概念炒作并通过媒体传导和放大,对购房者的行为产生较大的影响。例如在京津冀城市群中,先后发生过的通州"城市副中心"、保定"副中心"和张家口"申冬奥"等多轮次的炒作,分别构成了这些地区住宅价格波动的触发点。

在我国投资渠道缺乏的大背景下,社会资本逐利的本性驱使其进入房地产领域,特别是金额庞大的资本轮番对部分城市的商品住宅市场进行出击,例如媒体曾广泛关注的"温州炒房团"。这些资本的空间套利行为,某种程度上来说,也是区域价格波动的触发因素之一。

在城市群商品住宅体系中,城市价格的失衡引致波动触发,经过一段时间的能量蓄积,由量到质变化,最终外在表现为价格互动传递的作用力。

城市群商品住宅价格城市间互动变化经由一定的传导媒介才能实现,按照形态可以分为有形的媒介和无形的媒介。其中有形的媒介主要为连通城市的交通设施、城市间的人口流动、货币资金的流动等,无形的媒介主要有城市间的经济协作关系、住宅购买者的情绪和预期等。

2.4.3 城市群商品住宅价格城市间互动的空间表现形态

在城市群商品住宅市场空间动态演化的过程中,住宅价格会外在表现为一定的互动形态。本书借鉴地理学家哈哥斯特朗(T. Hagerstrand)和经济学家熊彼得(J. A. Schumpeter)关于空间扩散的研究成果,将商品住宅价格在城市群区域空间互动的表现形态总结为三种典型的模式:邻接城市传染模式、城市间跳跃传导模式和按照城市层级传导模式。

住宅价格空间互动的三种典型的表现形态示意分别如图 2-6 ~ 图 2-8 所示。其中,邻接城市传染模式指住宅价格变化由源头,经过传导媒介向邻近地区均匀溢出,由近及远传递,是一种连续性的传递模式;而跳跃传导模式,则表现为住宅价格的变化由源头跨越空间邻接地区,直接传递至非邻接的目的地,是一种不连续且无规律的传导模式。城市层级传导模式变现为住宅价格的变化遵循城市在城市群中的层级地位而逐级传导。比如,城市群中的一线城市领先波动,然后传导到城市群内非邻接且距离较远的二线城市,随后由二线城市传导至三线城市。本质上来说,这也一种特殊的跳跃传导模式。

图 2-6 邻接城市传导模式

图 2-7 跳跃传导模式

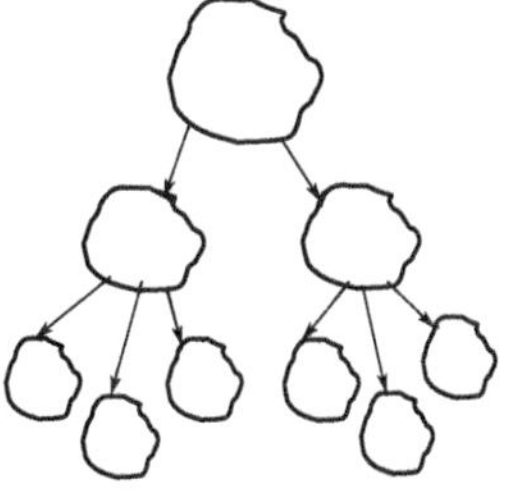

图 2-8 城市层级传导模式

2.5 本章小结

本章从城市群视角出发,基于城市群理论、空间经济理论、区域经济理论和行为金融理论等理论,对城市群商品住宅市场体系互动关系进行了分析;梳理了支持住宅价格空间互动的相关理论:经济收敛理论,地理学第一定律,“波纹效应”理论,金融学理论,城市群理论和增长极理论;建立“核心—节点”结构的城市群商品住宅价格的互动理论模型,在达到空间一般均衡条件下,通过数值模拟技术,得到核心—节点城市商品住宅价格互动变化的理论关系,并演绎出城市商品住宅价格互动的两个推论。推论 1:在城市群区域内核心城市与节点城市共同构成了有机的系统,城市之间客观存在的相互联系,会映射到城市间住宅市场的互动性上,其外在表现为住宅市场价格的空间传导与溢出;推论 2:在城市群区域内,随着区域一体化发展程度的提升,城市间住宅价格水平随时间趋于收敛。

在上述分析的基础上,进一步分析了城市群区域内,住宅价格互动的动力机制三要素:触发点、传导媒介及作用力,其中,触发点往往表现为供需失衡、概念炒作、社会资本空间套利以及政府的特殊政策等;传导媒介一般为经济通道、交通通道、城市间人口流动和媒体情绪通道。最后提出了价格互动的三种外在表现形态:邻接城市传染、跳跃传导模式及城市层级传导。

第3章　我国典型城市群商品住宅价格的收敛性研究

本章选择了我国三个典型城市群(长三角、珠三角和京津冀)的部分城市商品住宅价格为研究对象,分别从长期和短期两个角度介绍了商品住宅价格的收敛性。具体而言,首先从长期随机收敛性(Stochastic Convergence)视角出发,分别对我国三个典型城市群城市的商品住宅价格进行长期共同趋势的协整关系检验;然后,考虑到三者发展的非均匀性和各自固有特征,所辖城市的住宅市场之间可能存在异质性以及当前我国商品住宅市场的运行环境存在一定的时变性(Time-Varying),应用 Phillips 和 Sul(2007)所提出的考虑了时变特征和异质性的相对收敛(Reletive Convergence)检验方法,对三个典型城市群城市商品住宅价格的相对收敛性进行了研究。

本章结构安排如下:第1节,商品住宅价格城市间收敛的理论基础,对收敛性的相关理论和文献进行梳理。第2节,收敛性检验方法,对长期均衡关系的随机收敛性检验和短期时变相对收敛性的检验方法进行回顾;第3节,数据来源与预处理,对本章研究中所需数据进行说明及数据的预处理;第4节,随机收敛性的实证研究,随机收敛性检验与时变相对收敛性检验;第5节,相对收敛性的实证研究。

3.1　商品住宅价格城市间收敛的理论基础

本书第2章中关于城市群商品住宅价格互动机理的推论2中提到,在城市群区域内,城市之间的紧密联系会映射到住宅体系中,表现为住宅市场价格水平随时间的收敛。这是本书实证研究的理论基础之一。

国内外大量文献已表明城市或区域间经济发展水平存在收敛性。在我国当前城市经济与住宅市场发展相关度较高的背景下,商品住宅价格成为城市经济的重要变量,如果城市经济水平存在收敛性,那么商品住宅价格是否也具备收敛性呢?特别是在空间距离与经济距离较近,彼此之间的联系较为紧密的城市群城市之间,这种收敛性特征与非城市群城市相比是否存在差异?文献中对此问题的研究较为稀缺。

从我国三个典型城市群各城市商品住宅市场的发展情况来看,各个城市的经济发展水平、人口流动情况和人均收入情况都具有各自的特性,三个典型城市群内,核心城市和节点城市之间的住宅市场发展水平差异较为巨大,具有非均匀性,研究住宅市场的收敛性检验方法时,要充分考虑到城市间的异质性。此外,分别从长短期角度分析这种非均匀性特征是否会影响价格的收敛性?也是值得关注的问题。

1998 年住房市场化改革至今,我国相关管理部门和各级地方政府均为住房市场的发展做出大量努力,且取得了举世瞩目的成就。这期间为落实中央和地方的各项调控措施,各城市实施了一系列市场化操作,同时还采用了大量行政性的手段,使得住宅市场的运行环境充满时变性特征。以与住宅市场紧密相关的住房贷款利率调整情况为例,图 3-1、图 3-2 分别为 1999—2015 年间我国公积金贷款利率和 5 年期以上银行贷款利率时序图,从中可以看出两种贷款利率几乎每年都进行了一定的调整,特别在住房价格变化较为剧烈的 2007 年和 2008 年,每年调整都达 6 次之多。因此,对住宅价格收敛性的研究,还需要充分考虑到异质性和时变性的因素。

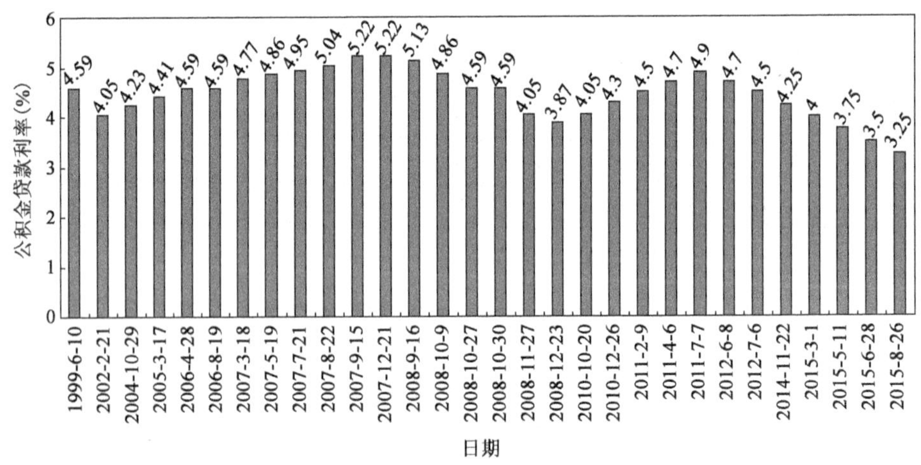

图 3-1　1999—2015 年我国住房公积金贷款利率变化图

资料来源:中国人民银行网站。

另外,文献中关于都市圈或城市群体住宅价格互动性的研究中,得到的结论较为分散。特别是经济差距巨大的核心城市与节点城市的住宅市场价格是否存在收敛性,未形成统一的认识。例如:Chien(2008)、Lee 和 Chien(2011)以及 Chen 和 Chien(2011)对我国台湾地区住宅价格收敛性的研究中,得到台北始终独立于周边城市的结论;Yunus(2015)对北美、欧洲、非洲和亚洲的 10 个主要经济体的住宅市场进行了收敛性研究，得到美国的住宅市场在金融危机之后的外生性和“领导”(Leader)地位凸显。我国三个典型城市群内，城市间的经济与政治地位差距悬殊，在住宅价格的收敛是否也呈现文献中描述的情况？值得进一步深入研究。

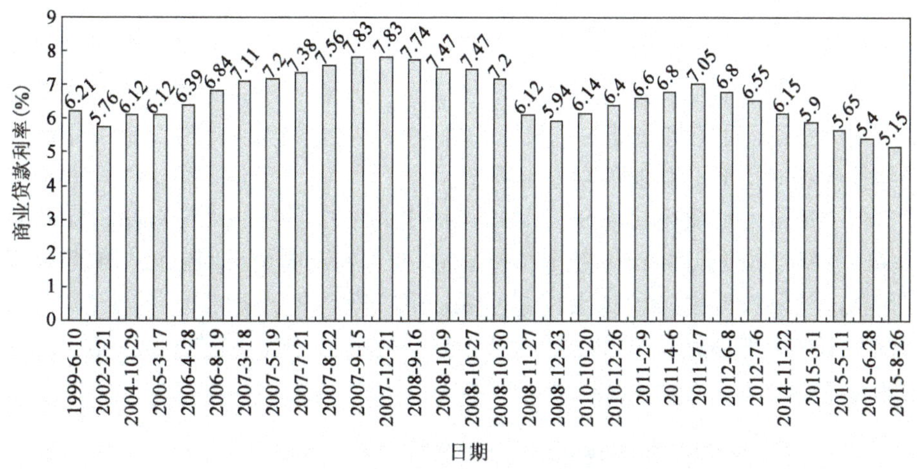

图 3-2　1999—2015 年我国住房商业(5 年期及以上)贷款利率变化图

资料来源：中国人民银行网站。

3.2　城市群商品住宅价格收敛性检验方法

本书选择长期共同趋势的随机收敛性检验和考虑时变特征和异质性的相对收敛性检验两种方法，对我国三个典型城市群商品住宅价格的收敛性进行研究。

随机收敛性检验方法广泛应用于变量间的长期共同趋势的研究，如 Capozza (2002)、Gallin(2005)等学者研究了住宅价格与经济基本面的长期均衡关系；MacDonald 和 Taylor(1993)、Meen(2002)、Holly 和 Pesaran(2011)等学者先后研究了英国城市住宅价格的收敛性；Clark 和 Coggin(2009)、Gupta 和 Miller(2010)、Brady (2014)等学者先后讨论了美国大都市区住宅价格的随机收敛性问题。

随机收敛性检验方法的主要沿如下思路展开：如果住宅价格序列是由相互独立的单位根过程驱动，或者价格序列不是协整的，那么它们不存在共同的长期共同趋势。实证检验时，通常采用变量间的协整检验来完成上述关系的检验。

3.2.1　随机收敛关系检验方法

如果时间序列 $y_t = (y_{1t}, y_{2t}, \cdots, y_{nt})$ 的各分量均为同阶单整，记为 $I(d)$，存在

向量 $\alpha = (\alpha_1, \alpha_2, \cdots, \alpha_n)$，使得 $\alpha y'_t : I(d-b), d \gg b \gg 0$。则称序列 $y_t = (y_{1t}, y_{2t}, \cdots, y_{nt})$ 是 $(d-b)$ 阶协整，记为 $y_t : CI(d, b)$，α 为协整向量。

对二元变量 y_t 和 x_t 而言，只有它们为同阶单整时，才可能存在协整关系。Engle 和 Granger(1987)年提出了二元变量的协整关系检验方法，即 E-G 检验。

对于多个变量之间的协整关系，Johansen(1988)，Juselius(1990)提出了一种极大似然法进行检验的方法，通常称为 Johansen 检验。该检验是对检验变量系统中所有独立的协整关系做总体分析，对系统中所存在的协整关系个数无需事先假定，也无需对任何分量的系数施加约束条件。当变量数 $N > 2$ 时，Johansen 协整检验相对于 E-G 检验的功效更稳定。

但 Johansen 检验依赖于 Sims(1980)提出向量自回归(VAR, Vector Auto-regression)模型，进行 Johansen 协整检验之前，要先确定向量自回归模型的最优滞后阶数。实际操作中，通常依据残差分析、AIC 准则、SC 准则、HQ 准则、LR 检验以及 FPE 法则来综合评判和选择。对住宅价格序列协整关系的确定，本书选择迹统计量(λ_{trace}, Trace Statistic)来进行判定。

3.2.2 时变相对收敛性检验模型

随机收敛性要求序列满足非单位根过程条件，且主要从长期和整体角度来刻画数据背后的规律，在序列间存在明显的异质性且为单位根的情况下，研究短期的收敛性，应该考虑使用 Phillips 和 Sul(2007)提出了考虑时变特征和异质性的相对收敛性检验方法。

Phillips 和 Sul(2007)的经典研究中建议，可以把相对收敛定义为随着时间的推移，城市间的住宅价格的分化水平应该呈现降低的趋势。如果把城市的商品住宅价格用 X_{it} 表示，可以将变量 X_{it} 分解成共同趋势部分，与时变趋势部分，即：

$$X_{it} = g_{it} + \alpha_{it} \tag{3-1}$$

式中：g_{it}——共同趋势；

α_{it}——时变趋势。

上式变形为：

$$X_{it} = \left(\frac{g_{it} + \alpha_{it}}{\mu_t}\right)\mu_t = \delta_{it}\mu_t \tag{3-2}$$

式中：μ_t——共同因素部分；

δ_{it}——时变因素部分，它捕获了个体的异质性。

可以进一步将 δ_{it} 分解为不随时间变化的均值(Time-Invariant Mean)部分与时变的异质差异(Time-Varying Idiosyncratic Error)部分,用半参数形式表示为:

$$\delta_{it} = \delta_i + \xi_{it}\left[\frac{\sigma_i}{L(t)t^{\alpha_i}}\right] \tag{3-3}$$

式中:ξ_{it}——iid(0,1);

σ_i——异质化参数;

$L(t)$——时变方程。

Phillips 和 Sul(2007)把相对收敛定义为:

$$\lim_{k\to\infty}\frac{X_{i,t+k}}{X_{j,t+k}} = 1 \quad (\text{对任意 } i、j \text{ 均成立}) \tag{3-4}$$

对上式的检验,等价于检验:

$$\lim_{k\to\infty}\delta_{i,t+k} = \delta \tag{3-5}$$

因而,可以构造如下检验假设:

$$H_0: \delta_i = \delta, \quad H_1: \delta_i \neq \delta \tag{3-6}$$

进而构造检验统计量:

$$H_t = \frac{1}{N}\sum_{i=1}^{N}(h_{it} - 1)^2 \tag{3-7}$$

在原假设成立时,检验当 $t\to\infty$ 时,$H_t\to 0$ 是否成立。在检验统计量中,$h_{it} = NP_{it}/\sum_{i=1}^{N}P_{it}$,在原假设成立时,当 $t\to\infty$,$h_{it}\to 1$。根据 Phillips 和 Sul(2007)的推导,在原假设下,当 $t\to\infty$ 且 $\Lambda>0$ 时,H_t:$\Lambda[L(t)^2t^{2\alpha_i}]^{-1}$。

令 $L(t)=\ln t$,则检验模型可以转化为检验下述回归模型:

$$\begin{cases}\ln\dfrac{H_1}{H_t} - 2\ln(\ln t) = a + \beta\ln t + \varepsilon_t \\ t = rT, rT+1, \cdots, T \\ r\in[0.2, 0.3]\end{cases} \tag{3-8}$$

表示只有$(1-r)$部分的数据被应用于模型计算。此时,原假设和备择假设相应地变为:

$$H_0: \beta \geqslant 0, \quad H_1: \beta \leqslant 0 \tag{3-9}$$

对回归模型进行 OLS 估计,得到 $\hat{\beta}$ 和 $t_{\hat{\beta}}$,设置相应的显著性水平,查表即可进行相对收敛与否的判定。在 5% 的显著性水平下,$t_{\hat{\beta}}$ 值可以与 1.65 进行比较,以判定收敛与否。

3.3 数据来源及预处理

3.3.1 数据来源

研究中样本源于国家统计局每月公布的70个大中城市房屋销售价格指数的细分指标:新建商品住宅价格指数(环比)[1],该指数于2005年8月起按月对外公布。70个大中城市包含了京津冀城市群中北京、天津、石家庄、唐山、秦皇岛共5个城市;长三角城市群中上海、南京、杭州、宁波、无锡、扬州、温州、金华共8个城市;珠三角城市群中广州、深圳和惠州共3个城市。限于数据的可获得性,样本没能囊括三个城市群的所有城市,但已是目前收集到在统计口径和持续时间上较为理想的数据。另外,从占据区域经济和人口比重来看,上述16个城市已覆盖了三个城市群的重点城市,基本具备了典型性和代表性。

本书选择上述16个城市2005年8月至2016年6月每月新建商品住宅价格指数(环比),累计16×131个有效观测值[2]。为了便于研究,后文分别用BJ、TJ、SHJZH、TSH、QHD、SHH、NJ、HZH、NB、WX、YZH、WZH、JH、GZH、SHZH和HUZH分别标示这16个城市的新建商品住宅价格指数(后文中,字母标示与此相同),在上述标示之前加符号“D”来表示它们的一阶差分。

2005年8月至2016年6月期间,上述城市商品住宅价格指数的描述性统计结果见表3-1。

3.3.2 数据的平稳性检验

图3-3、图3-5和图3-7分别为三个城市群所选城市的商品住宅销售价格指数的时序图,可以发现2005年8月至2016年6月,3个城市群的商品住宅价格指数短期走势有一定的波动差异,但长期趋势较为接近,且存在共同的波动起伏的特征,可能存有长期的随机收敛性。且各序列波动起伏较大,出于平稳性考虑,对样本进行一阶差分,差分后的序列图分别如图3-4、图3-6、图3-8所示,可以发现差分后数据基本围绕0值波动。

---

[1] 需要说明的是,国际上研究住宅价格互动性问题时,较多采用了Hedonic调整的指数,但我国目前没有官方发布这一指数体系;国家统计局每月发布的销售价格指数体系,采用了重复可类比确定新房样本价格,是官方最具权威部门发布的指数。此外,由于保障房和经济适用房由政府政策支持,基本不受市场信号指引,且没有纳入新建商品住宅的统计口径,故不在本研究的范畴之内。

[2] 数据来源于:中华人民共和国国家统计局数据库(www.stats.gov.cn/tjsj)。

京津冀、长三角和珠三角16个城市商品住宅价格指数序列描述性统计表　　表3-1

项　目	京津冀城市群5城市					长三角城市群8城市								珠三角城市群3城市		
	BJ	TJ	SHJZH	TSH	QHD	SHH	NJ	HZH	NB	WX	YZH	WZH	JH	GZH	SHZH	HUZH
均值	101.04	101.03	101.26	100.81	100.33	101.48	100.01	99.76	100.35	100.48	100.36	98.58	100.59	100.97	100.86	100.92
中位数	100.60	100.30	100.60	100.50	100.20	100.00	100.10	100.30	100.30	100.10	100.30	100.00	100.30	100.70	100.40	100.70
最大值	111.20	112.40	111.70	107.50	104.10	105.50	107.80	104.30	107.60	107.80	103.60	105.60	105.80	111.20	105.60	109.10
最小值	98.40	98.40	94.80	98.20	98.00	89.70	92.40	91.40	96.40	98.00	97.60	83.10	98.20	96.90	97.90	94.40
标准差	1.94	2.54	2.55	1.65	0.76	2.90	2.57	2.59	1.54	1.43	1.03	4.61	1.43	2.18	1.68	2.17
偏度	2.74	2.91	2.28	2.28	1.12	-1.99	-0.88	-1.99	0.75	1.40	0.96	-2.06	1.97	1.77	1.35	0.67
峰度	12.72	11.19	9.39	9.14	7.65	6.89	5.94	6.79	7.80	7.66	5.28	6.37	7.23	7.74	4.23	5.39
雅克—贝拉	622.32	505.09	308.28	293.18	133.22	154.73	58.70	151.44	126.29	147.86	44.52	141.55	167.35	175.23	43.83	37.73
离差平方和	446.96	767.25	775.58	323.57	63.95	997.56	783.31	796.52	282.02	243.89	126.65	2526.18	244.72	563.60	335.85	559.12
观测值	131	131	131	131	131	131	131	131	131	131	131	131	131	131	131	131

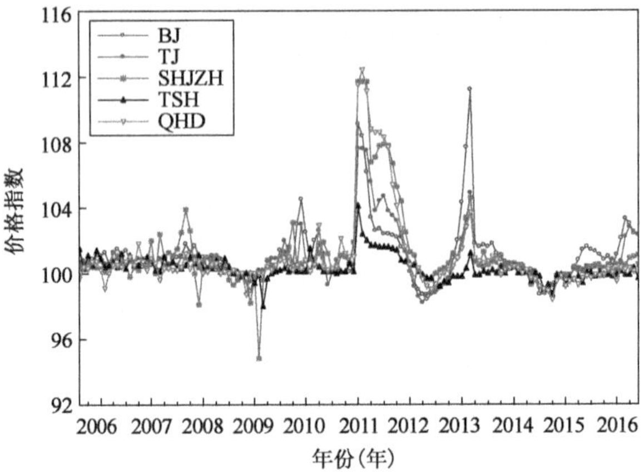

图 3-3　京津冀 5 城市商品住宅价格指数时序图

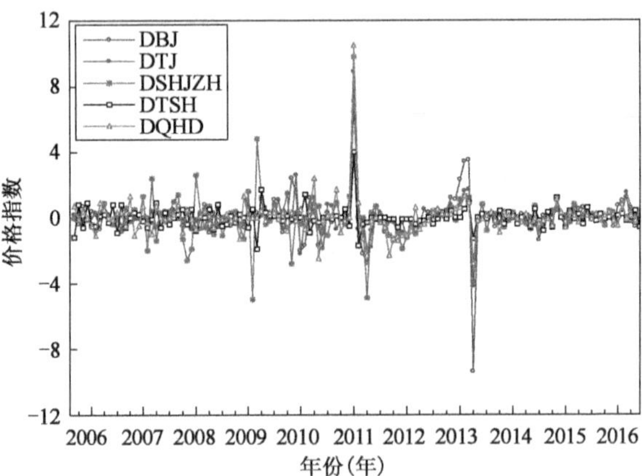

图 3-4　京津冀 5 城市商品住宅价格指数差分时序图

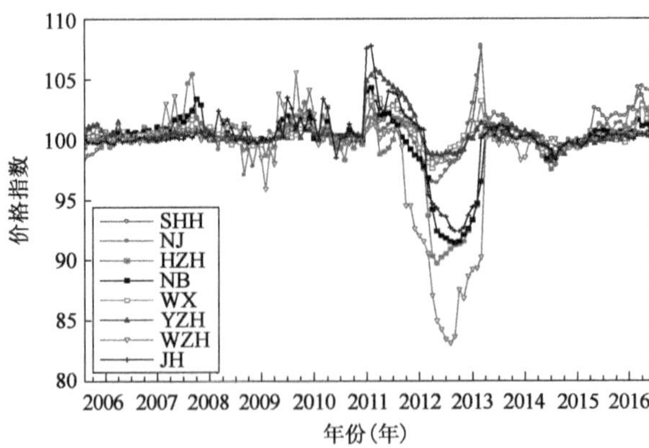

图 3-5　长三角 8 城市商品住宅价格指数时序图

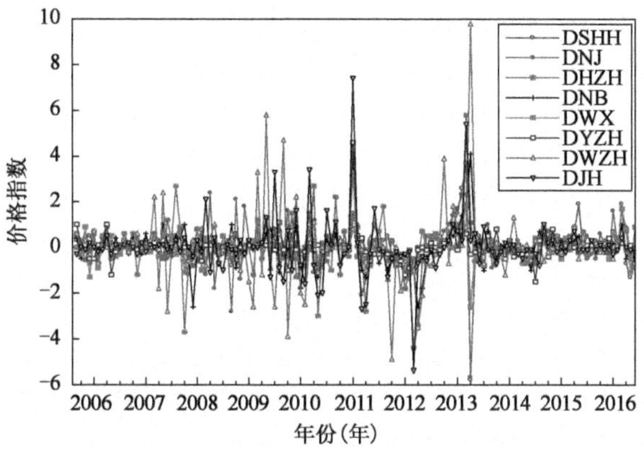

图 3-6 长三角 8 城市商品住宅价格指数差分时序图

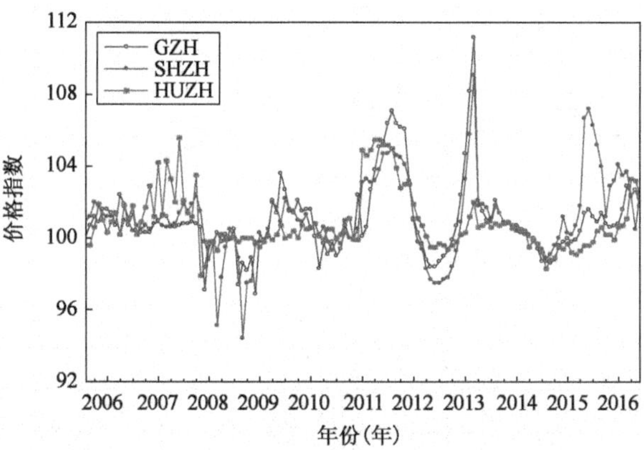

图 3-7 珠三角 3 城市商品住宅价格指数时序图

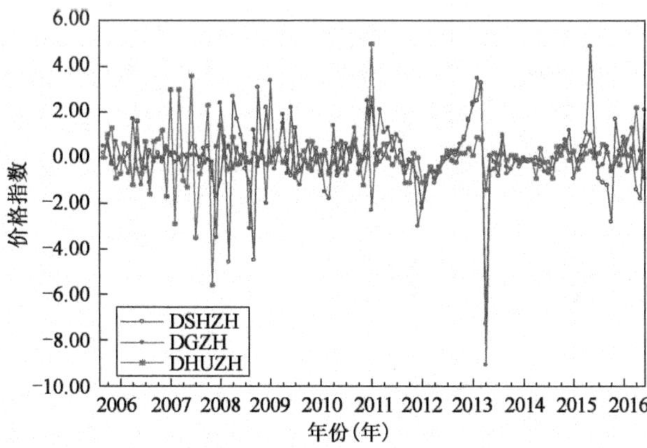

图 3-8 珠三角 3 城市商品住宅价格指数差分时序图

序列间的协整关系检验要求各序列为同阶单整，考虑到可能存在异方差性，本书分别利用 ADF 和 *P-P* 方法对单个样本序列进行单位根检验。

分别利用 ADF 与 *P-P* 方法对三个城市群 16 个城市商品住宅销售价格指数原序列和一阶差分后序列进行单位根检验，结果如表 3-2 所示。两种方法均显示原序列在 1% 的显著性水平下分别具有一个单位根的零假设不能被拒绝（仅有上海和无锡通过了 10% 的显著性水平检验）；经过一阶差分，在 1% 显著性水平下，两种方法均显著拒绝原假设，且均为一阶单整序列，可以进行协整关系检验，以确定它们之间是否存在长期随机收敛关系。

京津冀、长三角和珠三角 16 个城市商品住宅价格指数单位根检验结果 表 3-2

城　市	差分前序列		一阶差分后序列	
	ADF 检验统计量	*P-P* 检验统计量	ADF 检验统计量	*P-P* 检验统计量
BJ	-2.572	-2.582	-9.898***	-12.654***
TJ	-3.208	-3.291	-10.095***	-10.187***
SHJZH	-3.148	-2.143	-10.842***	-11.542***
TSH	-3.074	-3.091	-16.615***	-19.144***
QHD	-2.643	-2.613	-12.144***	-12.126***
SHH	-3.351*	-3.505*	-9.497***	-9.487***
NJ	-2.890	-3.606*	-10.780***	-10.918***
HZH	-2.020	-2.309	-8.576***	-8.609***
NB	-2.145	-2.114	-7.561***	-7.561***
WX	-3.173*	-3.369*	-12.329***	-12.293***
YZH	-2.156	-2.583	-8.866***	-8.925***
WZH	-1.7990	-2.027	-10.459***	-10.448***
JH	-2.574	-2.620	-9.935***	-9.953***
GZH	-3.485	-3.573	-10.829***	-10.830***
SHZH	-3.422	-3.422	-10.784***	-10.793***
HUZH	-2.788	-2.813	-11.177***	-11.203***

注：*** 代表 1% 显著水平；** 代表 5% 显著水平；* 代表 10% 显著水平。

3.4 随机收敛性的实证研究

3.4.1 随机收敛关系检验

因为多元协整关系检验基于 VAR 模型，进行协整关系检验之前，首先要确定 VAR 模型最优滞后期。Eviews7.0 给出了 5 种可以参考的指标，见表 3-3。

京津冀、长三角和珠三角城市群 VAR 模型滞后期确定指标　　表 3-3

城　市　群	滞后期	对数似数	似然比	最终经测误差	赤池信息准则	施瓦兹准则	HQ 信息准则
京津冀城市群	0	-626.6859	—	0.410356	13.29865	13.43307*	13.35296
	1	-576.3279	94.35502	0.240810	12.76480	13.57129	13.09068*
	2	-548.6528	48.94118*	0.228621*	12.70848*	14.18704	13.30593
	3	-526.3008	37.17488	0.244398	12.76423	14.91486	13.63325
	4	-514.8332	17.86533	0.331819	13.04912	15.87183	14.18971
	5	-503.5510	16.38892	0.458456	13.33792	16.83269	14.75007
长三角城市群	0	-1138.238	—	7.009572	24.65029	24.86814	24.73825
	1	-748.6687	703.7386	0.006413*	17.64879	19.60951*	18.44047*
	2	-691.1128	94.06985	0.007579	17.78737	21.49096	19.28278
	3	-624.0853	98.01882*	0.007655	17.72226	23.16871	19.92138
	4	-570.9454	68.56760	0.011230	17.95581	25.14513	20.85865
	5	-509.1964	69.05261	0.015302	18.00422	26.93640	21.61078
	6	-423.7936	80.81122	0.014756	17.54395	28.21899	21.85423
	7	-339.4994	65.26002	0.018592	17.10751	29.52542	22.12151
	8	-224.3685	69.32613	0.017690	16.00793*	30.16870	21.72564
珠三角城市群	0	-520.5450	—	15.57088	11.25903	11.34073	11.29202
	1	-416.6407	198.8705*	2.023054*	9.218080*	9.544867*	9.350027*
	2	-410.8991	10.61097	2.171410	9.288132	9.860029	9.519060
	3	-405.3557	9.894678	2.342831	9.362488	10.17946	9.692356
	4	-397.7892	13.01766	2.423498	9.393315	10.45537	9.822144
	5	-396.4391	2.235550	2.870737	9.557831	10.86498	10.08562

注：*** 代表 1% 显著水平；** 代表 5% 显著水平；* 代表 10% 显著水平。

对京津冀城市群而言，LR、FPE、AIC 三个指标均显示滞后 2 期，SC 显示滞后 0 期，而 HQ 显示滞后 1 期，综合评判后，选择滞后 2 期作为京津冀城市群模型的滞后期。长三角城市群的 FPE、SC、HQ 三个指标同时显示滞后 1 期，LR 显示滞后 3 期，AIC 显示滞后 8 期，综合评判选择滞后 1 期作为长三角城市群模型的滞后期。而珠三角城市群五个指标均显示滞后 1 期。

此时，分别对三个 VAR 模型进行稳定性检验的单位根检验，结果如图 3-9 ~ 图 3-11 所示，各特征根的倒数均落在单位圆以内，表明模型是稳定的，可以进行

Johansen 协整关系检验。

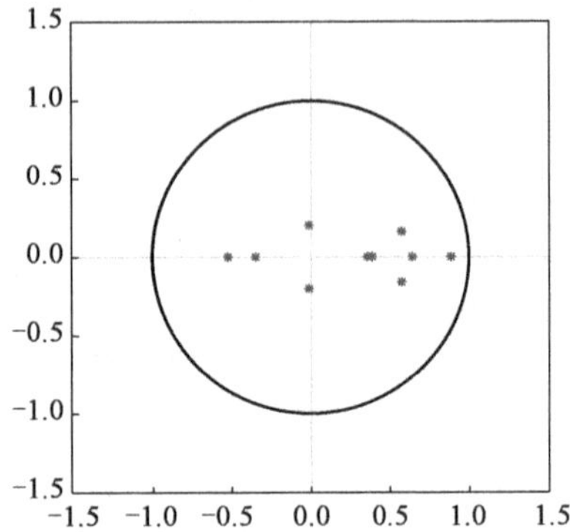

图 3-9　京津冀城市群商品住宅价格指数多元协整单位根图

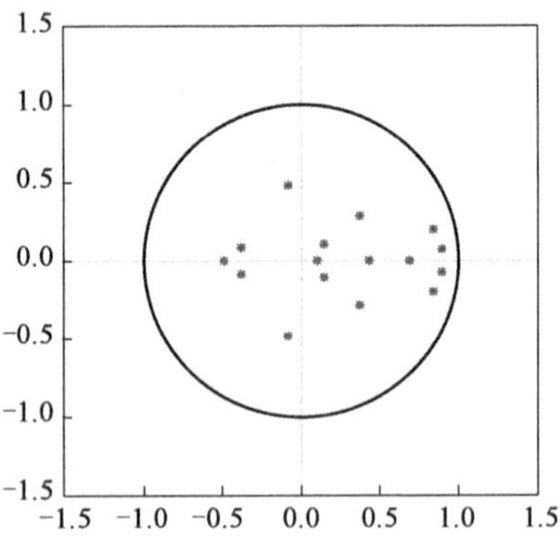

图 3-10　长三角城市群商品住宅价格指数多元协整单位根图

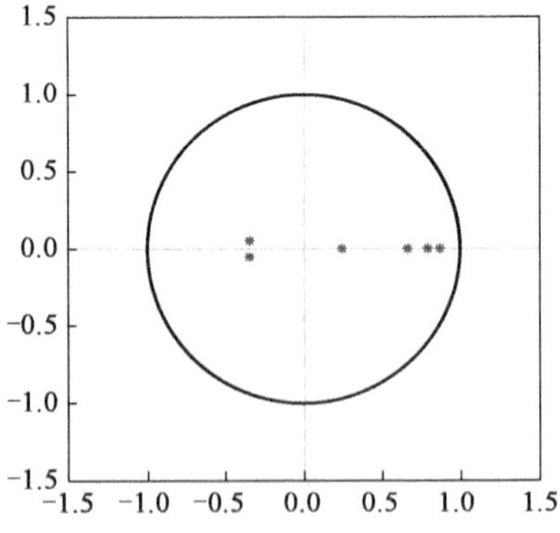

图 3-11　珠三角城市群商品住宅价格指数多元协整单位根图

Johansen 协整检验输出结果见表 3-4。可以看出,对京津冀城市群而言,在 5% 的显著性水平下,迹统计量 λ_{trace} 显示所选择的样本通过了至少存在 5 个协整关系的检验,即北京、天津、石家庄、唐山和秦皇岛的商品住宅价格存在随机收敛性,亦即样本显示,长期而言京津冀城市群 5 个城市商品住宅价格发生了区域间的传导现象。

京津冀、长三角和珠三角城市群 Johansen 协整检验结果 表 3-4

协整关系检验—迹统计量					
城市群	假设 No. of CE(s)	特征值	λ_{trace} 迹统计量	0.05 临界值	p 值
京津冀城市群	无*	0.630472	134.5815	69.81889	0.0000
	最多 1*	0.498243	84.80498	47.85613	0.0000
	最多 2*	0.374297	50.32301	29.79707	0.0001
	最多 3*	0.344861	26.87907	15.49471	0.0007
	最多 4*	0.108343	5.733693	3.841466	0.0166
长三角城市群	无*	0.573646	280.2144	159.5297	0.0000
	最多 1*	0.417177	196.6708	125.6154	0.0000
	最多 2*	0.328606	143.7634	95.75366	0.0000
	最多 3*	0.291249	104.7202	69.81889	0.0000
	最多 4*	0.242187	70.98369	47.85613	0.0001
	最多 5*	0.203430	43.80643	29.79707	0.0007
	最多 6*	0.159262	21.51724	15.49471	0.0055
	最多 7*	0.045042	4.516623	3.841466	0.0336
珠三角城市群	无*	0.244704	54.24571	29.79707	0.0000
	最多 1*	0.177654	26.46174	15.49471	0.0008
	最多 2*	0.069187	7.097984	3.841466	0.0077

注:迹统计量显示在 0.05 的显著性水平下存在协整关系;* 表示在 0.05 显著性水平下拒绝原假设;
** MacKinnon-Haug-Michelis(1999) p 值。

对长三角城市群而言,在 5% 的显著性水平下,迹统计量 λ_{trace} 显示所选择的样本至少存在 8 个协整关系,即上海、南京、杭州、宁波、无锡、扬州、温州和金华的商品住宅价格存在随机收敛性,亦即样本显示,长期而言长三角城市群 8 个城市商品住宅价格发生了区域间的传导现象。

对珠三角城市群而言,在 5% 的显著性水平下,迹统计量 λ_{trace} 显示所选择的样本至少存在 3 个协整关系,即广州、深圳和惠州的商品住宅价格存在随机收敛性，亦即样本显示珠三角城市群 3 个城市商品住宅价格发生了区域间的传导现象。

3.4.2 设置参照组进行收敛性对比分析

为了验证是否只有三个典型城市群内城市之间的商品住宅价格才具有上述的长期变化特征，本书综合考虑城市之间的经济联系、政治地位、地理距离以及样本数据的可获得性等因素，分别从如下两个角度构建参照组进行对比分析：

(1)交换城市群的核心城市构建参照组

分别用上海和广州的商品住宅价格指数序列替换同期京津冀城市群中北京的相应序列，用北京和广州的商品住宅价格指数序列替换同期长三角城市群中上海的相应序列，用北京和上海的商品住宅价格指数序列替换同期珠三角城市群中广州的相应序列，构建了 6 个新的“城市群”作为原城市群的参照组，取差分后的序列，经过与前文类似的单位根检验后，分别对它们进行 Johansen 多元协整关系检验，并与原城市群的相应指标进行对比。检验结果分别如表 3-5 ~ 表 3-7所示。

京津冀城市群核心城市替代组 Johansen 协整检验结果 表 3-5

协整关系检验—迹统计量					
城市群	假设 No. of CE(s)	特征值	λ_{trace}迹统计量	0.05 临界值	p 值
京津冀城市群替代组（上海替北京）	无*	0.351832	117.4319	69.81889	0.0000
	最多 1*	0.197746	66.70000	47.85613	0.0003
	最多 2*	0.175475	40.92132	29.79707	0.0018
	最多 3*	0.103450	18.34642	15.49471	0.0181
	最多 4*	0.046491	5.569910	3.841466	0.0183
京津冀城市群替代组（广州替北京）	无*	0.338947	129.7808	69.81889	0.0000
	最多 1*	0.270667	81.35200	47.85613	0.0000
	最多 2*	0.180891	44.42389	29.79707	0.0005
	最多 3*	0.115840	21.07791	15.49471	0.0065
	最多 4*	0.055439	6.673136	3.841466	0.0098

注：迹统计量显示在 0.05 的显著性水平下存在协整关系；* 表示在 0.05 显著性水平下拒绝原假设；** MacKinnon-Haug-Michelis(1999)p 值。

长三角城市群核心城市替代组 Johansen 协整检验结果　　表 3-6

协整关系检验—迹统计量					
城市群	假设 No. of CE(s)	特征值	λ_{trace}迹统计量	0.05 临界值	p 值
长三角城市群替代组 (北京替上海)	无*	0.514776	300.2318	159.5297	0.0000
	最多 1*	0.390742	215.6238	125.6154	0.0000
	最多 2*	0.311540	157.6486	95.75366	0.0000
	最多 3*	0.275054	113.9727	69.81889	0.0000
	最多 4*	0.226301	76.33867	47.85613	0.0000
	最多 5*	0.171042	46.31968	29.79707	0.0003
	最多 6*	0.149606	24.37215	15.49471	0.0018
	最多 7*	0.045200	5.411674	3.841466	0.0200
长三角城市群替代组 (广州替上海)	无*	0.462394	290.6384	159.5297	0.0000
	最多 1*	0.444252	218.0248	125.6154	0.0000
	最多 2*	0.306517	149.2942	95.75366	0.0000
	最多 3*	0.284904	106.4689	69.81889	0.0000
	最多 4*	0.194959	67.23433	47.85613	0.0003
	最多 5*	0.158071	41.86142	29.79707	0.0013
	最多 6*	0.130926	21.73038	15.49471	0.0050
	最多 7*	0.044387	5.312086	3.841466	0.0212

注:迹统计量显示在 0.05 的显著性水平下存在协整关系;* 表示在 0.05 显著性水平下拒绝原假设;** MacKinnon-Haug-Michelis(1999)p 值。

珠三角城市群核心城市替代组 Johansen 协整检验结果　　表 3-7

协整关系检验—迹统计量					
城市群	假设 No. of CE(s)	特征值	λ_{trace}迹统计量	0.05 临界值	p 值
珠三角替代组 (北京替代深圳)	无*	0.210181	46.23853	29.79707	0.0003
	最多 1*	0.111934	18.63228	15.49471	0.0163
	最多 2*	0.039731	4.743340	3.841466	0.0294
珠三角替代组 (上海替代深圳)	无*	0.149822	37.31285	29.79707	0.0056
	最多 1*	0.112664	18.32268	15.49471	0.0183
	最多 2*	0.036394	4.337479	3.841466	0.0373

注:迹统计量显示在 0.05 的显著性水平下存在协整关系;* 表示在 0.05 显著性水平下拒绝原假设;** MacKinnon-Haug-Michelis(1999)p 值。

从上述表中可以看出,6 个新“城市群”Johansen 多元协整关系检验结果(表 3-5显示,京津冀城市群两个替代组均拒绝了至多4 个协整关系的假设检验,显示至少有 5 个协整关系;表 3-6 显示,长三角城市群两个替代组均拒绝了至多7 个协整关系的假设检验,显示至少有 8 个协整关系;表 3-7 显示,珠三角城市群两个替代组均拒绝了至多2 个协整关系的假设检验,显示至少有 3 个协整关系)与各自原城市群保持一致,说明长期均衡关系并未随着城市群核心城市的更换而发生显著改变。这可能与十年来我国各大中城市的住宅市场总体保持了波动上涨趋势有关,所以在长期的均衡关系上,参照组与原城市群之间并没表现出显著的差异。

(2)替换非核心城市构建参照组

保留城市群核心城市,用经济与政治地位相近,但与核心城市空间距离更大的城市,来替换部分非核心城市构建了 3 个参照组,分别进行 Johansen 协整关系检验,并与原城市群的相应指标进行对比。

考虑到研究期内样本的可获得性,本书分别将同期济南(省会城市,政治经济地位与石家庄类似)和锦州(沿海城市、与秦皇岛地位类似)替换京津冀城市群的石家庄和秦皇岛;分别将同期合肥(省会城市,政治经济地位与南京类似)、蚌埠和徐州替换长三角城市群的南京、无锡和金华;将同期湛江和韶关替换珠三角城市群的惠州,构建3 个新的参照组。利用相应的价格指数序列,经过与前文类似的差分以及单位根检验后,进行多元协整关系检验,检验结果如表 3-8 所示。

京津冀、长三角和珠三角城市群非核心城市替代组 Johansen 协整检验结果 表 3-8

协整关系检验—迹统计量					
城市群	假设 No. of CE(s)	特征值	λ_{trace}迹统计量	0.05 临界值	p 值
京津冀城市群非核心替代组	无*	0.393429	130.1713	69.81889	0.0000
	最多1*	0.318914	71.67905	47.85613	0.0001
	最多2	0.121395	26.74329	29.79707	0.1081
	最多3	0.064192	11.60122	15.49471	0.1771
	最多4	0.032279	3.838901	3.841466	0.0501
长三角城市群非核心替代组	无*	0.414213	240.3302	159.5297	0.000
	最多1*	0.373861	177.7588	125.6154	0.0000
	最多2*	0.290875	122.9814	95.75366	0.0002
	最多3*	0.245978	82.76574	69.81889	0.0033

续上表

协整关系检验—迹统计量					
城市群	假设 No. of CE(s)	特征值	λ_{trace}迹统计量	0.05 临界值	p 值
长三角城市群非核心替代组	最多 4 *	0.209947	49.73271	47.85613	0.0329
	最多 5	0.106534	22.16110	29.79707	0.2896
	最多 6	0.040396	8.981381	15.49471	0.3671
	最多 7 *	0.034906	4.156994	3.841466	0.0415
珠三角城市群非核心替代组	无 *	0.222791	79.94009	47.85613	0.0000
	最多 1 *	0.151011	50.45076	29.79707	0.0001
	最多 2 *	0.138558	31.29685	15.49471	0.0001
	最多 3 *	0.111612	13.84654	3.841466	0.0002

注:迹统计量显示在 0.05 的显著性水平下存在协整关系; * 表示在 0.05 显著性水平下拒绝原假设; * * MacKinnon-Haug-Michelis(1999)p 值。

从表中可以看出,Johansen 协整检验发现,根据迹统计量指标,京津冀城市群参照组 5 个城市(接受了至多有 2 个协整关系的假设检验)、长三角城市群参照组 8 个城市(接受了至多有 5 个协整关系的假设检验)未能继续同时保持协整关系,而珠三角城市群参照组 4 个城市(拒绝了至多有 3 个协整关系的假设检验)则继续同时保持了协整关系。这表明随着非核心城市的替换,京津冀城市群参照组和长三角城市群参照组的住宅价格长期均衡关系被打破,价格的收敛性被破坏,价格的区域传导受到一定限制。可能的原因是,随着京津冀和长三角参照组中城市之间的空间距离拉大,相互联系不如各自原始城市群城市间密切;而珠三角参照组城市属同一省份管辖,相关政策的实施更具有统一性,彼此联系也更为密切,所以长期均衡关系没有被打破。

3.4.3　商品住宅价格随机收敛的成因

以上长期随机收敛的变化情况值得进一步的思考:造成这种现象的原因何在?

2005—2016 年,三个典型城市群城市商品住宅价格维持共同的长期趋势,与我国所面临的特殊内外部经济环境有着密切的关系。2003 年国家确立以房地产行业为带动国民经济发展的支柱产业之一,而随后的几年当中,人民币汇率(中间价)持续走低,国内货币供给量(M2)持续保持较高速度增长(期间增长率最小值为 2014 年 3 月的 12.05%),分别如图 3-12、图 3-13 所示,较为宽松的流

动性在一定程度上促进了住宅资产价格的普遍上涨。

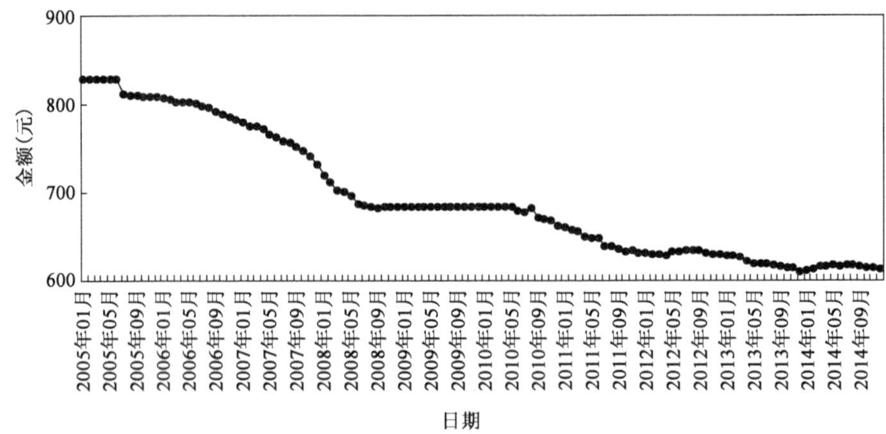

图 3-12　2005—2014 年人民币汇率变化情况——100 美元兑换人民币

资料来源:中经网数据库。

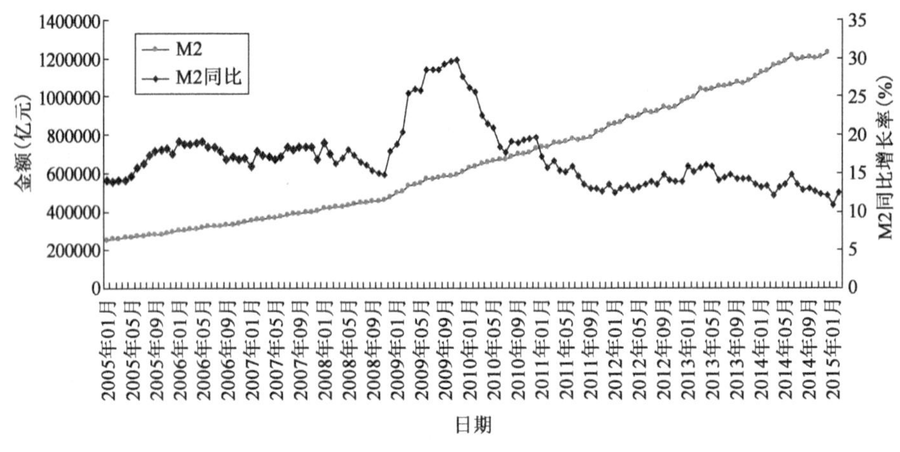

图 3-13　2005—2015 年我国广义货币供应量(M2)变化情况

资料来源:中经网数据库。

另外,1994 年我国进行分税制改革后,土地出让收入基本化归地方政府所有,是其财政收入的重要来源,有的城市土地出让收入占财政收入甚至超过 50%[1]。特别是 2004 年施行"招、拍、挂"的土地出让制度后,各地的土地市场

[1]第一财经日报:近 17 年中国卖地收入超 27 万亿,http://www.yicai.com/news/2016/02/4749556.html。

“地王”频现，并产生了一定的“示范效应”，屡试不爽的推地行为逐渐形成了部分城市的“土地财政”依赖症，推动城市土地价格上涨进而促使城市住宅价格的普遍上涨(何维达，2013)。

此外，三个典型城市群是我国经济版图上最为活跃的地区，各自所辖城市的经济多年保持快速增长，如图3-14～图3-16所示。同时区域内也集聚了大量的人口，住房需求普遍快速增加。以上因素综合起来，构成了价格通过长期随机收敛性检验的原因。

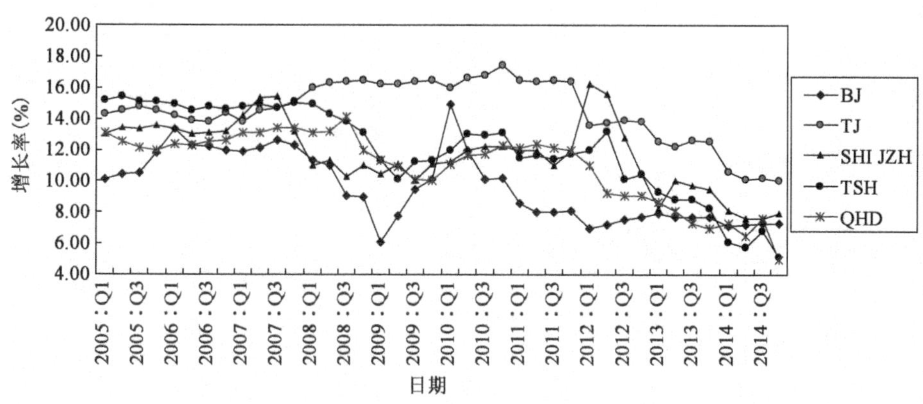

图3-14　2005—2014年京津冀城市群部分城市经济增长率(季度)

资料来源：各城市社会经济发展统计公报，并经作者整理。

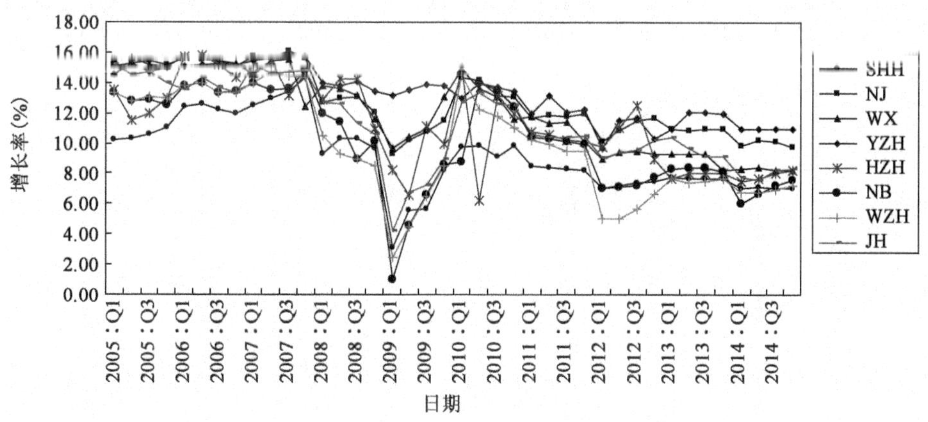

图3-15　2005—2014年长三角城市群部分城市经济增长率(季度)

资料来源：各城市社会经济发展统计公报，并经作者整理。

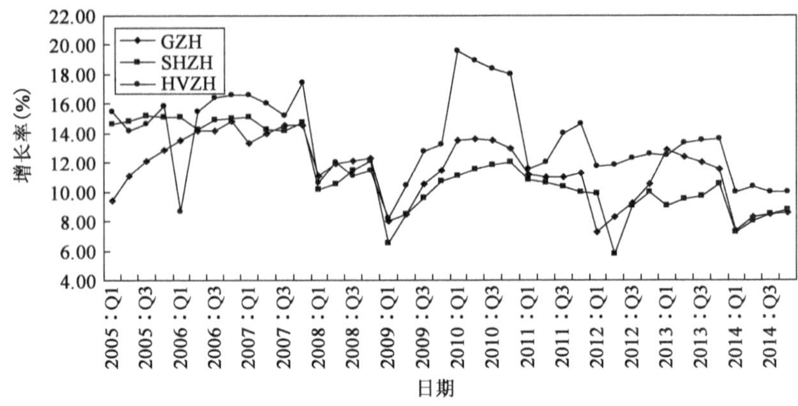

图 3-16　2005—2014 年珠三角城市群部分城市经济增长率(季度)

资料来源:各城市社会经济发展统计公报,并经作者整理。

3.5　相对收敛性的实证研究

3.5.1　时变相对收敛性检验

根据 Phillips 和 Sul(2007)研究的建议,需对住宅价格指数取对数处理,才能进行相对收敛关系检验。对数处理后序列的描述性统计结果见表 3-9。

除此之外,根据 Phillips 和 Sul(2007)的建议,为了消除数据的初始年效应(Initial effects),还需对序列进行 $\ln\frac{\ln(I_{it})}{\ln(I_{i1})}$处理,处理后三个典型城市群的商品住宅价格指数时序图分别如图 3-17 ~ 图 3-19 所示。

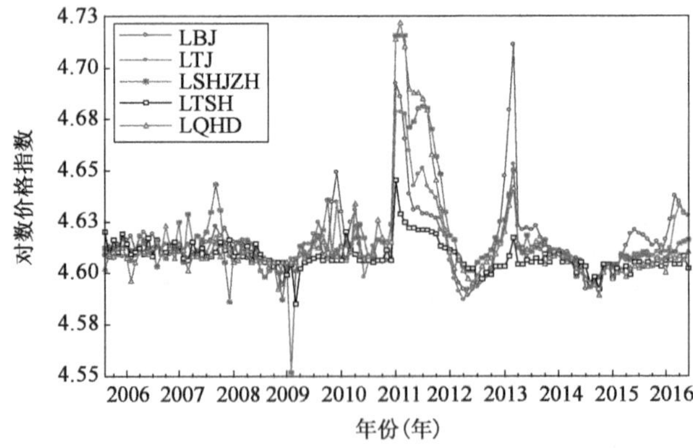

图 3-17　京津冀城市群 5 城市商品住宅价格指数对数处理后时序图

京津冀、长三角和珠三角城市群商品住宅价格对数处理后描述性统计分析结果

表 3-9

项目	京津冀城市群					长三角城市群								珠三角城市群		
	BJ	QHD	SHJZH	TJ	TSH	HZH	JH	NB	NJ	SHH	WX	WZH	YZH	GZH	HUZH	SHZH
均值	0.0007	0.0030	0.0019	0.0005	-0.0024	-0.0001	-0.0003	-0.0018	0.0016	0.0044	-0.0005	-0.0023	0.0011	0.0016	0.0029	-0.0006
中位数	-0.0002	0.0015	0.0006	0.0000	-0.0026	0.0013	0.0000	-0.0004	0.0015	0.0037	-0.0006	0.0013	0.0004	0.0011	0.0020	-0.0006
最大值	0.0213	0.0257	0.0229	0.0145	0.0055	0.0129	0.0160	0.0080	0.0167	0.0197	0.0064	0.0131	0.0120	0.0224	0.0126	0.0166
最小值	-0.0050	-0.0029	-0.0125	-0.0053	-0.0076	-0.0226	-0.0175	-0.0208	-0.0071	-0.0009	-0.0066	-0.0397	-0.0042	-0.0073	-0.0037	-0.0148
标准差	0.0041	0.0053	0.0054	0.0035	0.0016	0.0067	0.0058	0.0060	0.0034	0.0031	0.0023	0.0111	0.0031	0.0047	0.0036	0.0043
偏度	2.534	2.757	2.041	2.103	0.996	-2.002	-1.040	-1.995	0.560	1.361	0.820	-2.061	1.828	1.581	1.238	0.293
峰度	11.335	10.192	8.364	8.230	7.455	6.696	5.662	6.569	6.950	7.352	4.996	6.302	6.660	6.799	3.968	5.707
雅克—贝拉	448.059	386.714	213.933	212.084	112.128	139.749	53.751	134.924	79.378	124.096	31.417	131.357	126.020	115.027	33.296	36.115
概率	0.0000	0.0000	0.0000	0.0000	0.0000	0.0000	0.0000	0.0000	0.0000	0.0000	0.0000	0.0000	0.0000	0.0000	0.0000	0.0000
观测值	131	131	131	131	131	131	131	131	131	131	131	131	131	131	131	131

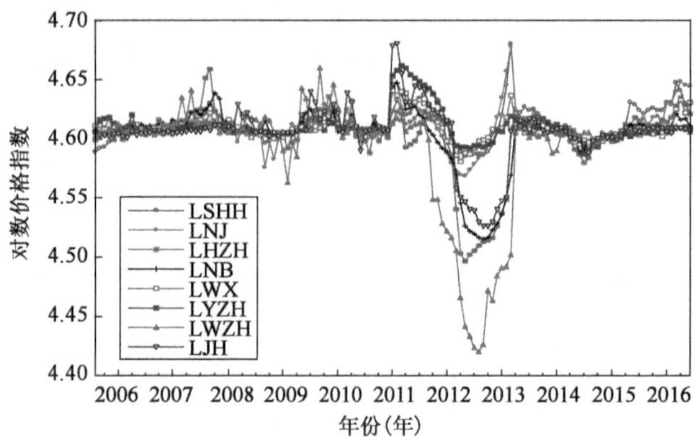

图 3-18 长三角城市群 8 城市商品住宅价格指数对数处理后时序图

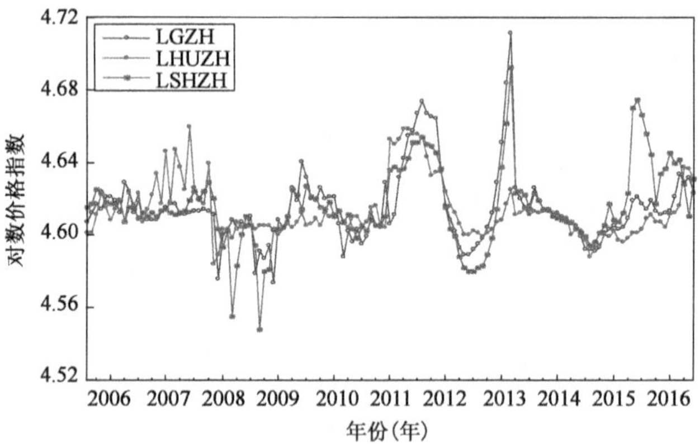

图 3-19 珠三角城市群 3 城市商品住宅价格指数对数处理后时序图

根据 Phillips 和 Sul(2007)的建议,进行相对收敛检验时,$r \in [0.2, 0.3]$,分别取 $r = 0.2$ 和 $r = 0.3$,此时,样本的分布图分别如图 3-20 ~ 图 3-22 所示。

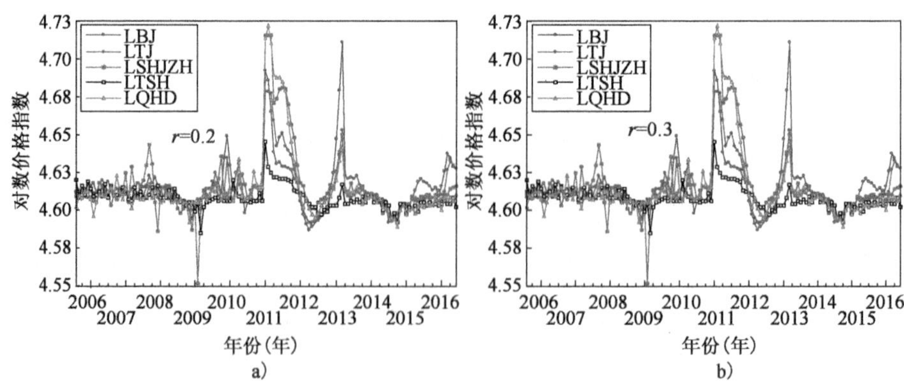

图 3-20 京津冀城市群 5 城市商品住宅价格指数相对收敛性检验样本分布图

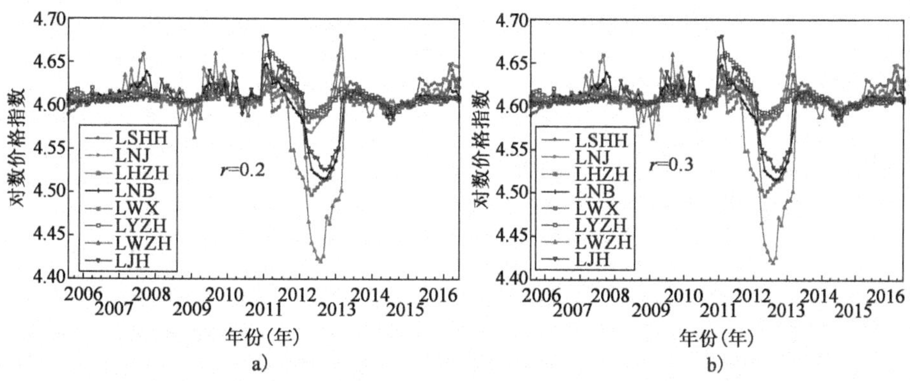

图 3-21　长三角城市群 8 城市商品住宅价格指数相对收敛性检验样本分布图

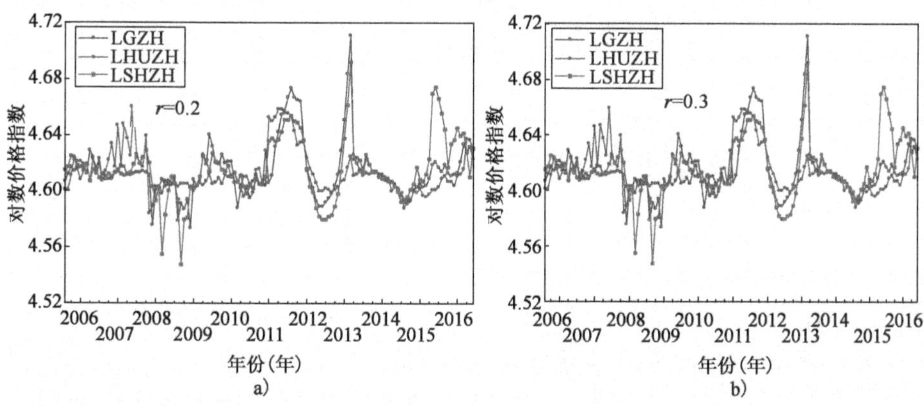

图 3-22　珠三角城市群 3 城市商品住宅价格指数相对收敛性检验样本分布图

此时,用于估计参数的样本区间分别为 2007 年 9 月至 2014 年 12 月和 2008 年 7 月至 2016 年 6 月。分别进行回归分析,取系数 $\hat{\beta}$ 的 $t_{\hat{\beta}}$ 判定各城市群商品住宅价格是否存在时变的相对收敛性。回归结果如表 3-10 所示。

我国三个典型城市群商品住宅价格相对收敛性检验结果　　表 3-10

城　市　群	$r=0.2$				$r=0.3$			
	常数项系数	t 值	$\hat{\beta}$	$t_{\hat{\beta}}$	常数项系数	t 值	$\hat{\beta}$	$t_{\hat{\beta}}$
京津冀	-4.48	-1.88	-1.2	-1.11	-3.60	-1.48	-1.85	-1.39
长三角	2.21	1.00	-1.33	-1.52	2.06	0.49	-1.18	-2.69
珠三角	-5.10	-2.40	0.62	2.52	-7.45	-2.63	1.16	2.55

从表 3-10 中可以看出，在 5% 的显著性水平下（此时查表得 $t_{0.05}=1.65$），京津冀城市群在 $r=0.2$ 和 $r=0.3$ 时，$\hat{\beta}$ 均没有通过相对收敛性检验（此时，$t_{\hat{\beta}}$分别取值 -1.11、-1.39，绝对值均小于 1.65）。即短期而言，在考虑了时变性因素后，其城市商品住宅市场之间出现较大的分化，这与京津冀城市群城市间的经济社会以及住宅市场的发展水平存有较大差异的实际情况相一致。

长三角城市群在 $r=0.2$ 时没有通过相对收敛性检验，而在 $r=0.3$ 时，通过了相对收敛性检验（此时，$t_{\hat{\beta}}$分别取值绝对值，为：$|-1.52|<1.65$，$|-2.69|>1.65$）。这说明短期而言，在考虑的时变性特征后，其城市群的城市商品住宅价格的分化水平在减缓。这与长三角城市群在中央和地方的共同努力建设下，城市群的整体协同性和一体化水平得到较为显著提高的相吻合。

珠三角城市群不论 $r=0.2$ 和 $r=0.3$，均通过了相对收敛性检验（此时，$t_{\hat{\beta}}$分别取值 $2.52>1.65$，$2.55>1.65$）。表明珠三角城市群商品住宅市场的短期分化程度最低。

3.5.2 时变相对收敛性的成因

三个典型城市群时变相对收敛性检验结果相差较大，本书认为造成这种现象的原因主要有如下几方面：

（1）三个典型城市群内，核心城市与非核心城市间的经济差距十分巨大，各自住宅市场的规模和价格水平也存在较大差距，造成住宅价格的时变相对收敛性未能全部通过检验。

（2）经过中央和各级地方政府多年的努力，三个典型城市群的整体发展水平逐年上升，但三者之间差距较大，特别是三者在区域经济一体化建设的规划和效果各异，是三者住宅价格时变相对收敛性检验结果存在较大差异的原因之一。

（3）长三角地区自 1992 年邓小平同志南方谈话开始，就致力于协同发挥“黄金水道”和“黄金海岸”相结合的特殊区位优势，谋求区域城市的合作发展。中央层面对长三角协调发展的关注和给予的支持也较为丰富，2004 年 8 月出台的《长江三角洲地区现代化公路水路交通规划纲要》，是我国第一部由交通运输部牵头，打破地区界限，整合省际资源，强化周边联系的交通规划。2007 年 5 月，时任国务院总理温家宝同志主持召开了长三角地区经济协调发展座谈会，随后长三角一体化发展上升为国家战略，国务院专门制定了《进一步推进长江三角洲地区改革开放和经济社会发展的指导意见》，出台了《长三角地区区域规划纲要》。地方层面对一体化发展的认识也比较到位，1997 年开始，成立了长江三角洲 14 城市经协委(办)主任联席会,平等协商区域经济协同发展。2005 年开始,联席会由过去 2 年一次正式会议,改为每年一次,加大了谋求区域协同发展的力度。交通方面,2002 年提出区域交通公交卡一卡通的提议,并分别在上海、杭州和南京周边城镇范围实施试点。经过艰苦的技术准备和各方协调,2008 年开始尝试三个试点区域合并联卡。此外,在旅游一体化、人才培养与开发、信用体系建设等方面,均做出了积极的实践。多年来,虽然长三角城市群发展和建设取得了惊人的成绩,但城市群城市分属不同省市,行政壁垒、城市间的发展竞争与一体化布局的协调困难等问题长期没有很好地突破。

珠三角城市群发挥同属一个省份管辖便于协调的优势,积极统一思想,落实《珠江三角洲地区改革发展规划纲要(2008—2020 年)》,省领导挂帅分解发展目标,先后在基础设施一体化建设、经济发展一体化建设和基本公共服务一体化建设等方面制定规划,给出了完成时间和任务进展表。在制度上进行创新,形成了区域间任务协调与推进机制,每年省委组织对区域一体化建设进行考评。推进“广佛肇”“深莞惠”“珠中江”三个经济圈的深度合作,构建各个经济圈主要领导人的联席会议制度,打破行政壁垒,促进产业结构优化与合理布局,逐渐通信资费、金融服务、公共交通和人才开发等一体化和同城化。

而京津冀城市群的一体化发展步伐相对较缓。虽然早在 1986 年,时任天津市市长的李瑞环同志曾发起了环渤海 15 城市主要领导人联席会议制,开启了一体化发展的探索,但直至 2013 年习近平总书记发表了有关京津冀地区协调发展的重要讲话,才开始真正意义上将其上升至国家战略层面,2015 年国务院才发布《京津冀协同发展规划纲要》。

3.6　本章小结

本章对我国三个典型城市群(京津冀、长三角和珠三角)的 16 个城市商品住宅价格的收敛性进行了深入研究。

首先,从长期角度进行的随机收敛性检验,发现三个城市群内商品住宅价格均通过了 5% 的显著性水平的检验,说明在样本期内,商品住宅价格维持了显著的长期共同趋势。替换城市群核心城市与非核心城市两个角度构建参照组,对比发现核心城市的替换没能改变随机收敛性;非核心城市的替换,京津冀和长三角两个城市群均没能继续保持随机收敛性,而珠三角城市群则能继续保持。这一结论为城市群城市之间的紧密联系会映射到商品住宅市场上的推论提供了有力的证据,支持了本书第 2 章所建立的理论模型,也通过住宅市场间接证实了我国三个典型城市群城市之间确实存有较为特殊的紧密联系。

其次，考虑了住宅市场发展的时变性，对三个典型城市群商品住宅价格进行相对收敛性检验，发现在不同样本期间，京津冀城市群的相对收敛性均不能保持；长三角城市群则随着样本比例的缩减，时变相对收敛性从拒绝转向维系；珠三角城市群则始终保持了时变相对收敛性。

以上研究表明，虽然短期部分城市群商品住宅市场呈现了一定的分化，但并未影响到长期收敛性的成立。

第4章　我国典型城市群商品住宅价格城市间传导关系研究

本章以我国三个典型城市群部分城市商品住宅价格为研究对象，充分考虑到城市之间客观存在的空间依赖性，基于空间向量自回归（SpVAR）模型，利用空间格兰杰因果关系检验法（Spatial Granger Causality Test）和空间脉冲响应函数（Spatial Impulse Reponse Function，SIRF）方法，对商品住宅价格城市间的传导关系进行深入研究。主要厘清了两个问题：在三个典型城市群内，商品住宅价格城市间传导的源头分别在哪里？当价格传导源头受到外生冲击后，向节点城市传导的幅度和持续时长呈现什么模式？对上述两个问题的研究，有助于验证第2章所提出的城市群商品住宅价格城市间互动关系的论述，并对掌握我国三个典型城市商品住宅价格的互动特征，对住宅市场价格波动的风险控制和投资者的投资决策均有着重要的意义。

本章结构安排如下：第1节，相关理论基础，首先对VAR和SpVAR模型进行介绍，然后对基于SpVAR模型的空间格兰杰因果关系检验模型和检验统计量进行介绍，最后对基于SpVAR模型的空间脉冲响应函数的相关理论进行介绍；第2节、第3节，对本章研究中所需数据的来源进行说明及数据的初步处理，以及对本章所使用的空间权重矩阵和数据来源进行交代；第4节，实证研究，基于SpVAR的空间Granger因果关系检验与空间脉冲响应函数的结果，以及结果的分析和讨论；第5节，本章的研究结论。

4.1　相关理论基础

在区域住宅价格空间传导关系的研究中，学者们往往综合应用向量自回归（VAR）及其扩展的形式，格兰杰因果关系检验及其拓展的形式。

4.1.1　VAR和SpVAR模型

VAR模型由Sims教授于1980年提出，是一种广义的自回归模型，这一模型利用变量滞后值和其他变量滞后值描述自身演化的过程。VAR模型无需考虑经济理论，不用对所选择的变量进行任何先验性的假设和施加约束条件，完全由数据陈述经济规律。VAR 模型自提出之日起，就引起学者们的高度关注，在研究经济变量之间的相互关系问题的应用中发挥了重要的作用，特别是被广泛应用于城市商品住宅价格空间互动关系的研究中。

以二元变量 X_t、Y_t 为例，VAR 模型表达式可为：

$$Y_t = c_1 + \alpha_{11} Y_{t-1} + \cdots + \alpha_{1q} Y_{t-q} + \beta_{11} X_{t-1} + \cdots + \beta_{1p} X_{t-p} + \varepsilon_{1t} \tag{4-1}$$

$$X_t = c_2 + \alpha_{21} Y_{t-1} + \cdots + \alpha_{2s} Y_{t-s} + \beta_{21} X_{t-1} + \cdots + \beta_{2\tau} X_{t-\tau} + \varepsilon_{2t} \tag{4-2}$$

式中：X_t、Y_t——随机的自变量序列（$t=1,\cdots,T$）；

c_1、c_2——常数项；

α_{ij}、β_{ij}——待估计的参数；

ε_{1t}、ε_{2t}——随机扰动项。

在 VAR 模型中，扰动项也被称为外生信息冲击（Innovation），需要满足如下基本假设：各期扰动项均为零均值和常数同方差，即 $E(\varepsilon_t)=0$，$E(\varepsilon_t\varepsilon_t')=\Omega$；且不存在序列相关，即对任意非零整数 k，存在 $E(\varepsilon_t\varepsilon_{t-k}')=0$。

值得注意的是，在 VAR 模型中，扰动项所包含的信息仅决定于同期的自变量序列，模型中没有设置使得外生冲击跨越空间边界传导的机制（Todd 和 Valerien，2011）。而现实经济现象却并非如此，当一个地区经济受到冲击后，往往会影响到有着空间联系的邻接地区的经济（Pan 和 LeSage，1995）。在城市群视角下，城市之间客观存在着紧密联系，经典计量经济理论对自变量相互独立的假设难以刻画现实，且忽视这种客观联系可能会影响到模型的合理性和分析结果的准确性（Zhu，2011；Beenstock，2007；Leishman，2009）。

而基于空间计量经济理论的 VAR 模型（SpVAR），通过设定空间权重，将变量之间的相互联系添加到模型当中，在近年来关于城市商品住宅价格的互动性研究受到学者们的青睐，如：Todd H. 和 Valerien（2011）应用 SpVAR 模型关于美国地区住宅价格的研究，Ma 和 Liu（2013）应用 SpVAR 模型关于澳大利亚地区住宅价格的研究。

SpVAR 的优势在于，通过在 VAR 模型中加入描述空间邻接关系的空间权重矩阵，而将变量的空间效应进行考虑，恰好能够弥补传统 VAR 模型不能将经济事件对邻接地区产生的影响进行概括的缺陷，更加贴近经济社会变化的现实情况。此外，Pan 和 LeSage（1995）证明了 SpVAR 模型相对于不考虑空间效应的向量自回归模型，能显著地降低预测误差。

本书要考虑的 SpVAR 模型形式如下所示：

$$\left.\begin{aligned}
Y_{t1} &= c_{11} + \alpha_{111}Y_{t-1} + \cdots + \alpha_{1p1}Y_{t-p} + \beta_{111}X_{t-1} + \cdots + \beta_{1p1}X_{t-p} + \\
&\quad \gamma_{111}WY_{t-1} + \cdots + \gamma_{1p1}WY_{t-p} + \phi_{111}WX_{t-1} + \cdots + \phi_{1p1}WX_{t-p} + \varepsilon_{1t1} \\
X_{t1} &= c_{21} + \alpha_{211}Y_{t-1} + \cdots + \alpha_{2p1}Y_{t-p} + \beta_{211}X_{t-1} + \cdots + \beta_{2p1}X_{t-p} + \\
&\quad \gamma_{211}WY_{t-1} + \cdots + \gamma_{2p1}WY_{t-p} + \phi_{211}WX_{t-1} + \cdots + \phi_{2p1}WX_{t-p} + \varepsilon_{2t1} \\
Y_{N1} &= c_{1N} + \alpha_{11N}Y_{t-1} + \cdots + \alpha_{1pN}Y_{t-p} + \beta_{11N}X_{t-1} + \cdots + \beta_{1pN}X_{t-p} + \\
&\quad \gamma_{11N}WY_{t-1} + \cdots + \gamma_{1pN}WY_{t-p} + \phi_{11N}WX_{t-1} + \cdots + \phi_{1pN}WX_{t-p} + \varepsilon_{3tN} \\
X_{N1} &= c_{2N} + \alpha_{21N}Y_{t-1} + \cdots + \alpha_{2pN}Y_{t-p} + \beta_{21N}X_{t-1} + \cdots + \beta_{2pN}X_{t-p} + \\
&\quad \gamma_{21N}WY_{t-1} + \cdots + \gamma_{2pN}WY_{t-p} + \phi_{21N}WX_{t-1} + \cdots + \phi_{2pN}WX_{t-p} + \varepsilon_{4tN}
\end{aligned}\right\} \tag{4-3}$$

上述表达式中,随机扰动项的性质与前文 VAR 模型类似,W 为空间权重矩阵,用于描述空间连接关系。

4.1.2 基于 SpVAR 的空间 Granger 因果关系检验

格兰杰因果关系检验是 Granger 于 1969 年提出的,被广泛应用于经济变量的因果关系检验。这一方法遵循的基本逻辑是,如果一个事物是另外一个事物的因,则作为因的事物一定会发生在前。因此,可以用作为因的事物的滞后变量作为解释变量来进行检验。以两元变量(X,Y)为例,如果想检验 X 是否为 Y 的因,可以用当前的 Y 对 Y 的若干期滞后及 X 的若干期滞后项进行最小二乘回归(OLS),设定 X 滞后项系数同时为零的原假设,然后构造 F 统计量,检验 X 的这些滞后变量作为一个整体是否改善了回归结果。如果回答是肯定的,则 X 称为 Y 的 Granger 原因。

但需要注意的是,基于 OLS 的格兰杰因果关系检验事实上仅适用于平稳或趋势平稳序列之间的"线性因果关系"检验(Hamilton,1999),而现实经济数据和金融数据序列大多数情况下都存在单位根。若序列不经过处理,继续使用 F 统计量予以判定检验结果,可能会因 F 统计量不再具有标准的极限分布而产生错误的判定(Chen,2011)。

Todd 和 Valerien(2011)指出,如果序列 VAR 模型中各个序列均不含有单位根,则可以对其表达式右边的参数施加部分为零的约束条件,构造 F 统计量进行检验,来判定是否存在 Granger 因果关系。对下式而言,其 Granger 因果关系检验过程可以表示为:

$$\left.\begin{aligned} Y_t &= \alpha_0 + \sum_{k=1}^{k_1}\alpha_{1k}Y_{t-k} + \sum_{k=1}^{k_2}\beta_{1k}X_{t-k} + \varepsilon_{1t} \\ H_0 &: \beta_{11} = \cdots = \beta_{1k} = 0 \\ H_A &: \beta_{11} \neq \cdots \neq \beta_{1k} \neq 0 \\ F &= \left(\frac{SR_0 - SR_A}{SR_A}\right)\cdot\left(\frac{T-k_1-k_2}{k_2}\right) \end{aligned}\right\} \tag{4-4}$$

式中：SR_0、SR_A——原假设和备择假设下回归的残差平方和。

可以证明所构造的 F 统计量渐近服从 $F[T-(k_1+k_2);k_2]$。

而对于 SpVAR 模型，模型的形式和 Granger 因果关系检验的过程更为复杂，可以简要表示为：

$$\left.\begin{aligned} Y &= \alpha_0 + \sum_{k=1}^{k_1}\alpha_{1k}W_kY_{t-k} + \sum_{k=0}^{k_2}\beta_{1k}W_kX + \varepsilon \\ H_0 &: \beta_{11} = \cdots = \beta_{1k} = 0 \\ H_A &: \beta_{11} \neq \cdots \neq \beta_{1k} \neq 0 \\ F &= 2(l_{H_A} - l_{H_0}) \end{aligned}\right\} \tag{4-5}$$

式中：l_{H_A}、l_{H_0}——原假设和备择假设下回归结果的对数似然 log likelihood，且 Beenstock 和 Felsenstein（2007）证明此时 F 统计量渐近服从 $\chi^2(k_2+1)$ 分布。

4.1.3 基于 SpVAR 的脉冲响应函数

脉冲响应函数描述了经济变量受到外生冲击（Shock）后的响应情况，但依赖于向量自回归（VAR）模型，被广泛应用于城市商品住宅价格的空间互动关系的研究中，如 Alexander（1994），Pollakowski（1997），Holly（2011），Liao（2014）。进行脉冲相应函数分析，旨在分析当模型中的一个或多个误差项产生某种变化，或者模型受到某种外生冲击时，对 VAR 模型系统所产生的动态影响。

对形式为下式的 SpVAR 模型而言，响应函数的表达式的推导过程为：

$$Y_{nt} = \beta Y_{n,t-1} + \theta\sum_{i=1}^{N}W_{ni}Y_{it} + \lambda\sum_{i=1}^{N}W_{ni}Y_{i,t-1} + \varepsilon_{nt} \tag{4-6}$$

上式写成矩阵形式为：

$$Y_t = \beta I_N Y_{t-1} + \theta W Y_t + \lambda W Y_{t-1} + \varepsilon_t \tag{4-7}$$

可进一步变形为：

$$(A + BL)Y_t = \varepsilon_t \tag{4-8}$$

式中：$A = I_N - \theta W$；

$B = -(\beta I_N + \lambda W)$；

L——滞后算子。

根据 Wold 表述定理（Wold Representation），将当期的 Y_t 表示为 ε 的函数即为：

$$Y_t = (A - BL)^{-1}\varepsilon_t + \sum_{i=1}^{N}\alpha_i r_i^t \tag{4-9}$$

式中：r_i——$|(A - BL)^{-1} - rI_N| = 0$ 的特征根；

α_i——预先主观给定的常数。

4.1.4　SpVAR 模型的空间权重设定

本章选择城市间距离来构建空间权重矩阵 W，权重矩阵的元素由下式计算：

$$w_{ni} = \frac{1}{d_{ni}} \quad (i \neq n) \tag{4-10}$$

式中：d_{ni}——城市之间的距离，并定义：当 $i = n$，$w_{ni} = 0$。

由 W 的构造过程可知，其为主对角线元素为零的对称矩阵，将其代入 SpVAR 模型之前，还需对其进行标准化处理。

4.2　数据来源及初步观察

本章进行格兰杰因果关系检验和脉冲响应函数分析时采用的数据与第3章来源相同，为国家统计局公布的 70 个大中城市的商品住宅价格指数，三个典型城市群及代表城市，相应城市的标示符号也与前面章节保持一致。

城市之间的距离，选择了城市行政中心之间的球面距离，相应数据利用 ArcGis软件从国家地理信息中心所提供的我国城市空间电子地图中生成，三个城市群城市之间的空间距离数据见本书附录部分，计算空间权重矩阵分别见表 4-1 ~ 表 4-3。

京津冀城市群空间权重矩阵　　表 4-1

城市	北京	天津	石家庄	唐山	秦皇岛
北京	0.0000	0.3937	0.1676	0.2777	0.1611
天津	0.3292	0.0000	0.1406	0.3649	0.1653
石家庄	0.3057	0.3068	0.0000	0.2217	0.1658

续上表

城市	北京	天津	石家庄	唐山	秦皇岛
唐山	0.2331	0.3663	0.1020	0.0000	0.2986
秦皇岛	0.2000	0.2455	0.1128	0.4417	0.0000

长三角城市群空间权重矩阵 表 4-2

城市	上海	南京	无锡	扬州	杭州	宁波	温州	金华
上海	0.0000	0.1039	0.2407	0.1220	0.1744	0.1857	0.0772	0.0960
南京	0.1028	0.0000	0.1809	0.3803	0.1180	0.0776	0.0578	0.0826
无锡	0.2094	0.1590	0.0000	0.2013	0.1719	0.1094	0.0619	0.0872
扬州	0.1141	0.3594	0.2165	0.0000	0.1085	0.0764	0.0528	0.0722
杭州	0.1562	0.1068	0.1770	0.1039	0.0000	0.1791	0.0982	0.1788
宁波	0.1982	0.0836	0.1341	0.0872	0.2134	0.0000	0.1349	0.1486
温州	0.1134	0.0857	0.1045	0.0830	0.1612	0.1859	0.0000	0.2663
金华	0.1095	0.0952	0.1143	0.0880	0.2276	0.1588	0.2066	0.0000

珠三角城市群空间权重矩阵 表 4-3

城市	广州	深圳	惠州
广州	0.0000	0.5164	0.4836
深圳	0.3776	0.0000	0.6224
惠州	0.3623	0.6377	0.0000

在进行实证分析之前,先对三个典型城市群的商品住宅价格水平在区域内的总体分布情况进行直观了解。分别选择了 2005 年和 2011 年两个时刻,对比城市商品住宅价格分布变化情况[❶],如图 4-1 ~ 图 4-3 所示,图中颜色越深的区域表示该地住宅价格水平越高。不同时刻,在三个典型城市群内商品住宅价格在各自区域都出现了极点态势(如京津冀城市群中的北京和天津,长三角城市群中的上海和杭州,珠三角城市群中的深圳和广州),且对比两个时刻的分布图,可以发现住宅价格水平在三个区域都发生了一定的调整。以上直观趋势与研究

❶此处商品住宅价格通过当年的住宅销售额与销售面积相比计算而得,长三角城市群和珠三角城市群的数据采集于《长江三角洲区域经济统计年鉴》(2006,2012)以及《珠江三角洲区域经济统计年鉴》(2006,2012),京津冀城市群的数据采集于各地《城市经济统计年鉴》(2006,2012)。其中京津冀城市群选择了北京、天津、石家庄、唐山、秦皇岛、张家口、廊坊、承德、沧州和保定 10 个城市;长三角城市群选择了上海、杭州、南京、宁波、温州、苏州、扬州、舟山、绍兴、嘉兴、湖州、无锡、镇江和泰州 14 个城市;珠三角城市群选择了广州、深圳、珠海、佛山、肇庆、东莞、惠州、江门共计 8 个城市。

预期保持一致,但还应进一步通过因果关系检验和脉冲响应函数分析来予以明晰。

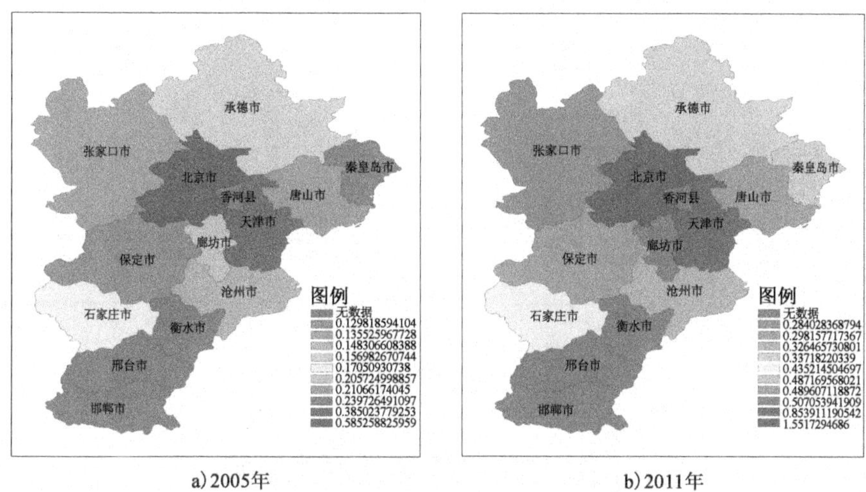

a)2005年　　b)2011年

图 4-1　京津冀城市群城市商品住宅价格分布对比图

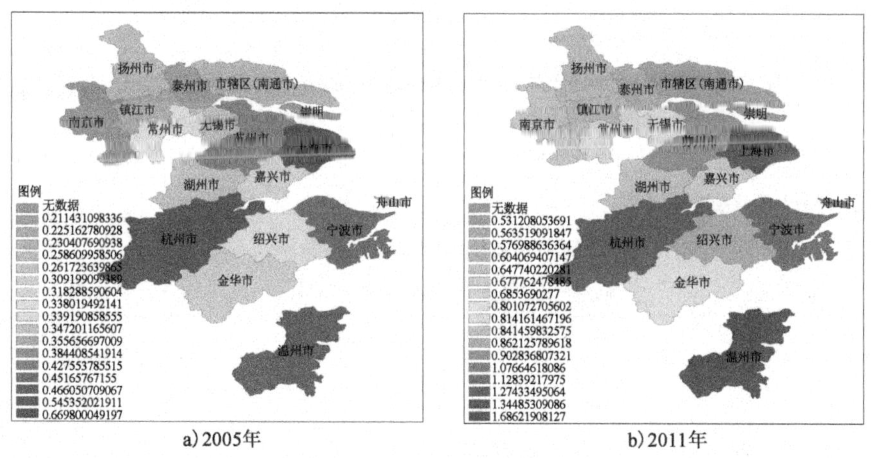

a)2005年　　b)2011年

图 4-2　长三角城市群城市商品住宅价格分布对比图

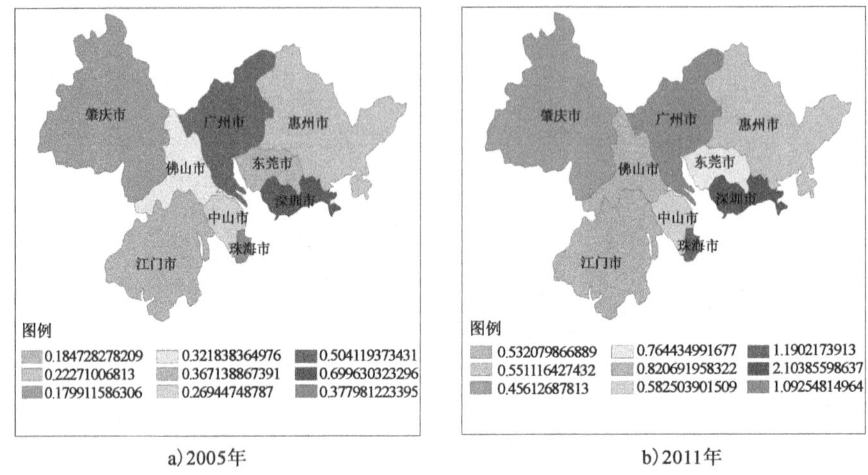

图4-3　珠三角城市群城市商品住宅价格分布对比图

4.3　城市群商品住宅价格传导的源头研究

利用 Matlab12.0 软件,分别对三个典型城市群区域以及四个一线城市(北京、上海、深圳和广州)的商品住宅价格指数建立 SpVAR 模型,按照前文所述的方法,进行空间格兰杰因果关系检验,以明晰区域内住宅价格波动的源头。

4.3.1　京津冀城市群商品住宅价格的空间格兰杰因果关系检验

对京津冀城市群5个核心城市的商品住宅价格进行空间格兰杰因果关系检验,结果如表4-4所示。

京津冀城市群商品住宅价格指数空间格兰杰因果关系检验结果(p-value)　　表4-4

城市	北京	天津	石家庄	唐山	秦皇岛
北京	—	0.021**	0.091*	0.096*	0.052*
天津	0.598	—	0.086*	0.225	0.460
石家庄	0.685	0.089*	—	0.002***	0.022**
唐山	0.601	0.076*	0.033**	—	0.329
秦皇岛	0.882	0.016**	0.002***	0.240	—

注:***代表1%显著水平;**代表5%显著水平;*代表10%显著水平。

表4-4中京津冀城市群商品住宅价格空间格兰杰因果关系检验结果显示，对北京而言，北京不是其他城市的格兰杰因的原假设，只有和天津配对检验时，在5%的显著性拒绝了原假设，与其他3个城市配对时，则仅仅拒绝了10%的显著性水平检验（表4-4中第二行），说明其商品住宅价格是区域价格波动的源头之一。其他4个城市不是北京的格兰杰因的原假设则均通过了检验（表4-4中第二列）。这说明北京在京津冀城市群5个城市中，呈现“中心领涨”态势，且其他4个城市的城市商品住宅价格对其产生的“外围推动”作用并不显著。即北京与周边节点城市之间呈现一种不对称的因果关系。

天津不是其他城市的格兰杰因的原假设，仅仅和石家庄配对检验时，在10%的显著性水平下拒绝了原假设，其他城市则接受了原假设（见表4-4中第三行）。表明天津作为京津冀城市群的第二大城市，其城市商品住宅价格的区域传导与辐射作用并不是特别突出，没有起到统计上显著的“领涨”效果。而其他城市不是天津的格兰杰因的原假设，均得到拒绝（表4-4中第三列）。

石家庄不是其他城市的格兰杰因的原假设，与天津配对检验时，在10%的显著性水平下拒绝了原假设；在与唐山和秦皇岛配对时，分别在1%和5%的显著性水平下拒绝了原假设（表4-4中第四行），表明石家庄对这两个城市的辐射作用比较明显；石家庄在与北京配对时，则接受了原假设。

唐山不是其他城市的格兰杰因的原假设，与北京和秦皇岛2个城市配对检验时，均接受了原假设；而与天津和石家庄则分别通过了10%和1%的显著性水平检验（表4-4中第五行）。

秦皇岛不是其他城市的格兰杰因的原假设，在与天津、石家庄配对时，分别通过了5%和1%的显著性水平检验，而与北京和唐山配对时均接受了原假设（表4-4中末行）。

根据以上检验结果，可以得出如下结论：在京津冀城市群中，北京作为城市群的核心，其城市商品住宅价格表现出了一定的双重特征，其价格变动能带动城市群内其他的城市的变动，起到了“领涨”和源头的作用，但同时又表现出一定的“独立”特征——不易受到周围城市的“外围推动”作用。此外，天津作为京津冀城市群的第二极，但在住宅市场却没有检验显著的“领涨”效应。而石家庄作为河北省的省会城市，其商品住宅价格对区域内的城市，特别是同一省份的城市产生了较为显著的带动作用，可以认定其为区域内的次级“源头”。[1]

[1]需要说明的是，之所以认定为“次级”源头，是因为仅对其他三者起到积极作用，其对北京没有通过检验，而北京则对除自己以外的四者均有积极作用。

4.3.2 长三角城市群商品住宅价格空间格兰杰因果关系检验

分别对长三角城市群 8 个核心城市的商品住宅价格配对组合,进行空间格兰杰因果关系检验,结果如表 4-5 所示。

长三角城市群商品住宅价格指数空间格兰杰因果关系检验结果(p-value) 表 4-5

城市	上海	南京	杭州	扬州	温州	金华	无锡	宁波
上海	—	0.049**	0.000***	0.081*	0.001***	0.100*	0.065*	0.000***
南京	0.143	—	0.000***	0.077*	0.158	0.190	0.009***	0.087*
杭州	0.008***	0.052*	—	0.066*	0.060*	0.059*	0.467**	0.000***
扬州	0.116	0.430	0.475	—	0.110	0.594	0.028**	0.510
温州	0.080*	0.039**	0.000***	0.629	—	0.066*	0.751	0.129
金华	0.875	0.320	0.008***	0.607	0.048**	—	0.933	0.000***
无锡	0.054**	0.062**	0.090*	0.001***	0.131	0.140	—	0.072*
宁波	0.022**	0.412	0.044**	0.101	0.008***	0.000***	0.964	—

注:*** 代表 1% 显著水平;** 代表 5% 显著水平;* 代表 10% 显著水平。

从表 4-5 的检验结果可以看出,从总体上长三角城市间的空间格兰杰因果关系检验要比京津冀地区复杂一些,城市商品住宅市场之间的联系要紧密得多。

在长三角城市群内,上海分别与其他 7 个城市配对,分别设置不存在格兰杰因果关系的原假设进行检验,结果显示其与扬州、金华和无锡在 10% 的显著性水平下拒绝了原假设,与杭州,温州和宁波在 1% 的显著性水平下拒绝了原假设,而与南京配对时,则在 5% 的显著性水平拒绝了原假设(表 4-5 中第 2 行)。这表明其与群内各个城市均有着较为明显的影响关系,可以将其认定为价格传导的源头之一。

南京与其他 7 个城市配对,并设置其不是其他 7 者的格兰杰因的原假设,检验结果表明,与杭州和无锡配对均在 1% 的显著性水平拒绝原假设,与扬州和宁波在 5% 的显著性水平下拒绝原假设,而与上海、温州和金华则接受了不存在格兰杰因果关系的原假设(表 4-5 中第 3 行)。

杭州与其他 7 个城市配对进行空间格兰杰因果关系检验时,与上海和宁波在 1% 的显著性水平拒绝了原假设,与无锡配对则通过了 5% 的显著性水平检验,与南京、温州、金华和扬州 4 个城市通过了 10% 的显著性水平检验。因为杭州与长三角城市群内其他 7 个城市均有着较为显著的格兰杰因果关系,所以,本书认为该城市可以认定为价格传导的另一个源头。

扬州在与其他 7 个城市配对，设置其不是其他城市的格兰杰因的原假设，检验结果显示该城市相对较为独立，仅与无锡配对进行检验通过了 10% 的显著性水平检验，与其他 6 个城市均接受了原假设。

温州仅与杭州配对进行检验，通过了 1% 的显著性水平检验，与南京配对通过了 5% 的显著性水平检验，与上海和金华配对通过了 10% 的显著性水平检验。而与其他 3 个城市则接受了原假设。

金华与杭州和宁波配对检验时通过了 1% 的显著性水平检验，与温州配对通过了 5% 的显著性水平检验。与其他 4 个城市均接受了原假设。

无锡与扬州配对检验时通过了 1% 的显著性水平检验，与上海和南京检验时通过了 5% 的显著性水平检验，而与杭州通过了 10% 的显著性水平检验，与其他 2 个城市均接受了原假设。

宁波与温州和金华检验时，通过了 1% 的显著性水平检验，与杭州和上海均通过了 5% 的显著性水平检验，与其他城市均接受了原假设。

总结以上分析过程，可以得到如下结论：在长三角城市群内，城市间的商品住宅价格相互之间的因果关系比京津冀城市群要更为复杂，城市群价格传导的源头可认定为上海和杭州两者并立，住宅价格领涨形成“多点交替”的局面。

4.3.3 珠三角城市群城市间商品住宅价格空间格兰杰因果关系检验

对珠三角城市群 3 个城市的商品住宅价格进行空间格兰杰因果关系检验，结果如表 4-6 所示。

珠三角城市群商品住宅价格指数空间格兰杰因果关系检验结果(p-value) 表 4-6

城市	广州	深圳	惠州
广州	—	0.052**	0.187
深圳	0.001***	—	0.031**
惠州	0.206	0.549	—

注：*** 代表 1% 显著水平；** 代表 5% 显著水平；* 代表 10% 显著水平。

从表 4-6 中可以看出，整体而言，在珠三角城市群内的格兰杰因果关系要更为分化，即广州和深圳两城市间的空间格兰杰因果关系检验显著性水平要比惠州更为明显一些。

具体而言，设置广州不是其他两个城市的格兰杰因的原假设，分别配对进行检验发现,在1%的显著性水平下拒绝了与深圳配对的原假设,接受了与不是惠州格兰杰因的原假设。而设置深圳不是其他城市的格兰杰因的原假设后,检验结果发现在1%的显著性水平下拒绝了与广州配对的原假设,在5%的显著性水平下拒绝了与惠州配对的原假设。则可以认定深圳为传导的源头之一。同理,以惠州为研究主体的检验发现,其与广州和深圳配对检验均接受了原假设。

以上结果表明在珠三角城市群内,深圳是价格传导的唯一源头,且没有呈现出"多点交替"的态势。

4.3.4 四个一线城市间空间格兰杰因果关系检验

为了验证是否经济相近因素是城市间住宅市场格兰杰因果关系存在的重要原因,检验了四个核心一线城市商品住宅市场之间的格兰杰因果关系,如表4-7所示。

四个一线城市商品住宅价格指数空间格兰杰因果关系检验结果(p-value) 表4-7

城市	广州	深圳	北京	上海
广州	—	0.052**	0.005***	0.000***
深圳	0.001***	—	0.000***	0.000***
北京	0.002***	0.001***	—	0.000***
上海	0.002***	0.000***	0.000***	—

注:***代表1%显著水平;**代表5%显著水平;*代表10%显著水平。

从表4-7中可以看出,四个一线城市间均存在十分显著的双向格兰杰因果关系,表明样本期间经济最为发达的四个一线城市间住宅市场价格存在着较为紧密的相互影响,其中任何一者住宅价格的波动变化,均可能引起其他三者的联动。

4.4 城市群商品住宅价格的空间脉冲响应函数分析

基于前文空间格兰杰因果关系检验,明晰了三个典型城市群区域内商品住宅价格波动的源头:京津冀城市群以北京为主源头,石家庄为次级源头;长三角城市群内为上海和杭州两个城市并立的源头,珠三角城市群内深圳为唯一的传导源头。

为进一步研究传导关系的动态特征,可以让波动源头受到外生冲击后,分析其对城市群系统所产生的影响。根据前文介绍的 SpVAR 模型,分别计算三个城市群滞后 10 期的 SIRF,分析响应的幅度和时长。

4.4.1　京津冀城市群商品住宅价格源头的空间脉冲响应函数分析

基于前文建立的 SpVAR 模型,分别对北京和石家庄商品住宅价格实施了一个标准差的外生脉冲冲击,根据前文空间脉冲响应函数的理论推导,这两个城市对城市群内其他城市造成的影响结果分别如图 4-4、图 4-5 所示。

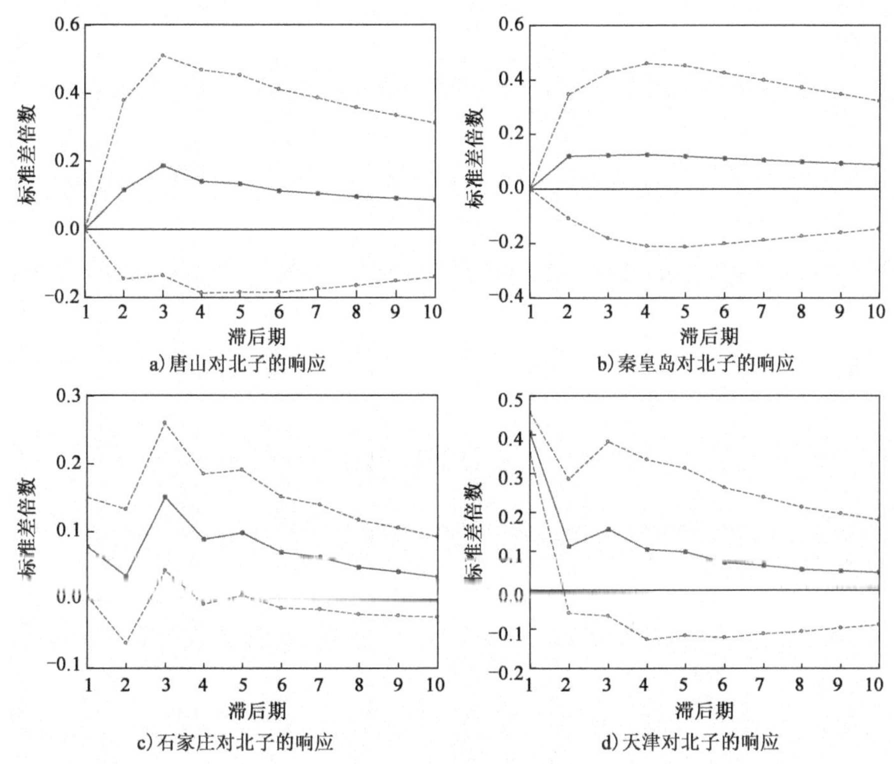

图 4-4　京津冀城市群空间脉冲响应函数分析——北京的外生冲击影响

从图 4-4 中可以看出,北京受到外生冲击后,对京津冀城市群内其他城市的影响差异较大。

首先,从影响幅度来看,北京对天津的影响最大[图 4-4d)],初始时刻的影响在 0.4 个标准差,但下降很快,第 2 期之后即下降 0.2 以内。北京对石家庄的影响幅度存在一定的波动起伏[图 4-4c)],最大值出现在第 3 期,但没有超过 0.2个标准差。对唐山和秦皇岛而言,第 1 期影响为零,即存在滞后一期效应,影响的幅度在第 2 ~3 期达到最大值,均没有超过 0.2 个标准差[图 4-4a)、图 4-4b)]。

其次,尽管北京的外生冲击对城市群内其他 4 个城市造成的影响幅度不大,但从持续的时间来看,影响在滞后 10 期时均为正向影响,均接近但没有到达零值。

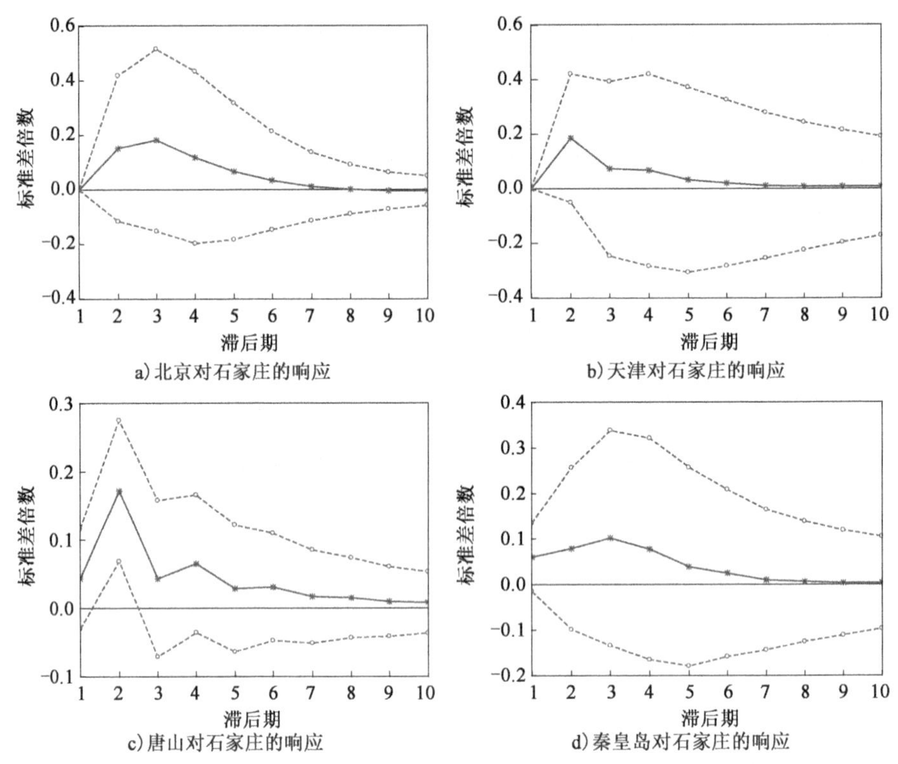

图 4-5　京津冀城市群空间脉冲响应函数分析——石家庄的外生冲击影响

从图 4-5 可以看出,面对石家庄商品住宅价格的外生冲击,京津冀城市群内其他 4 个城市的响应各异。

从脉冲造成的影响幅度看,平均而言,石家庄的冲击对北京和天津的影响要比唐山和秦皇岛更大一些,均达到了 0.2 个标准差,而其他两个城市则均在 0.1 ~0.2个标准差范围内。从脉冲持续的时间来看,唐山和秦皇岛均对脉冲有迅速反应,均于第 1 期即做出了积极反馈,在随后的 1 ~2 期逐渐增加,并达到最大值。但在第 7 期滞后,基本已接近零值,特别是秦皇岛,第 8 期滞后时基本看不到响应反应[图 4-5c)、图 4-5d)]。而北京和天津的情况,与上述两城市则有相同,也有相异。北京和天津面对冲击,均产生了1期的滞后效应,北京在第3期,天津在第2期达到最大值0.2个标准差。且两个城市均在第7期达到了零值,这比唐山和秦皇岛的持续效应更差一些。

4.4.2 长三角城市群商品住宅价格源头的空间脉冲响应函数分析

图4-6是对长三角城市群的传导源之一的杭州,施加1个标准差的外生冲击,经过建立的SpVAR模型测算后,反映到长三角城市群其他7个城市的结果图。从图中可以看出,面对来自杭州的外生冲击,7个城市均产生了较为显著的反映,但在脉冲响应的程度和持续的时间上,城市之间的表现各异。

从脉冲响应的程度和持续的时期来看,基本可以把长三角城市群的7个城市分为三个大的组别。

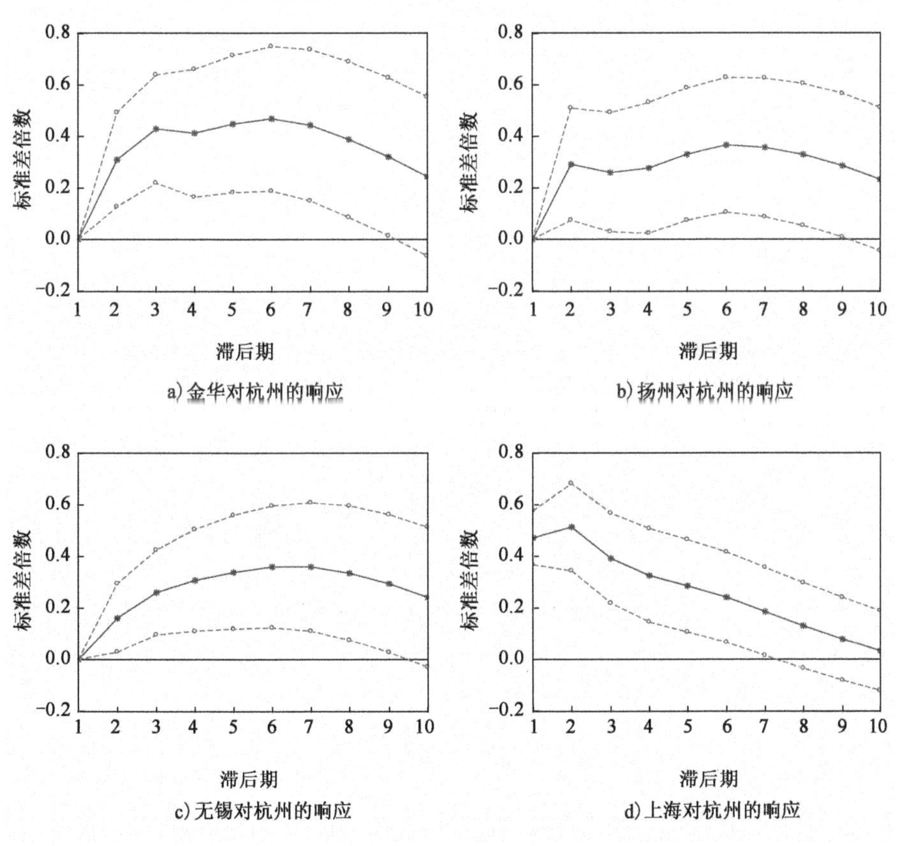

图 4-6

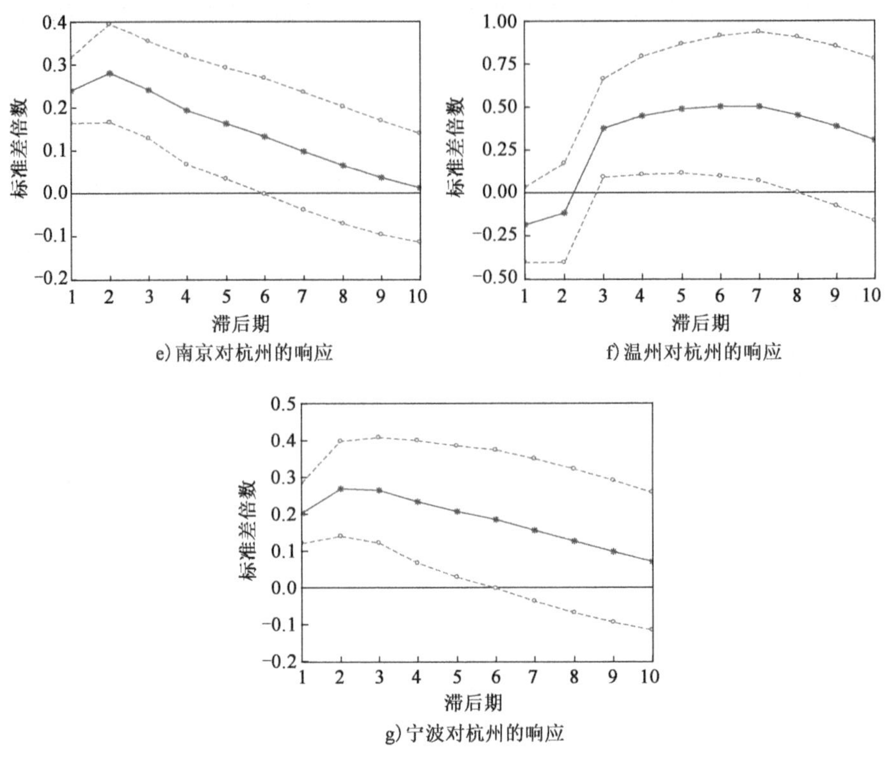

e）南京对杭州的响应

f）温州对杭州的响应

g）宁波对杭州的响应

图4-6　长三角城市群空间脉冲响应函数分析——杭州的外生冲击影响

第一组，为金华、无锡和扬州三个城市，它们的响应程度较大，最大值均在0.35个标准差以上。呈现典型的“初始较缓，逐渐增加”轨迹。在初始时刻，它们响应程度为零，随后逐渐增加，在滞后6期前后，分别达到最大值，然后逐渐衰减，滞后10期时，也未回归至零值。

第二组，为上海、南京和宁波三个城市，它们的响应程度也较大，其中南京和宁波的最大值均在0.2个标准差，上海则在0.5个标准差左右。与第一组不同的是，它们呈现一个显著的共同特征，即在初始时刻有迅速的积极响应（在第1期时，南京为0.24个标准差，宁波为0.2个标准差，上海则为0.44个标准差），在第2期达到最大值，随后开始衰减，在第10期接近于零值。

第三组，为温州单独成组，整体来看，温州对来自杭州的脉冲，响应程度比较剧烈，特别是在开始时刻，呈现负向消极响应，但负向响应在逐渐减缓，在滞后第3期，即呈现正向响应，且响应程度迅速达到高位（滞后第3期即达到了0.33个标准差），在滞后第6期达到了最大值0.5个标准差，随后开始逐渐衰减。但滞后 10 期时，也离零值较远（为 0.25 个标准差）。

图 4-7 是对另一传导源头——上海实施一个标准差外生冲击后的响应状况图。

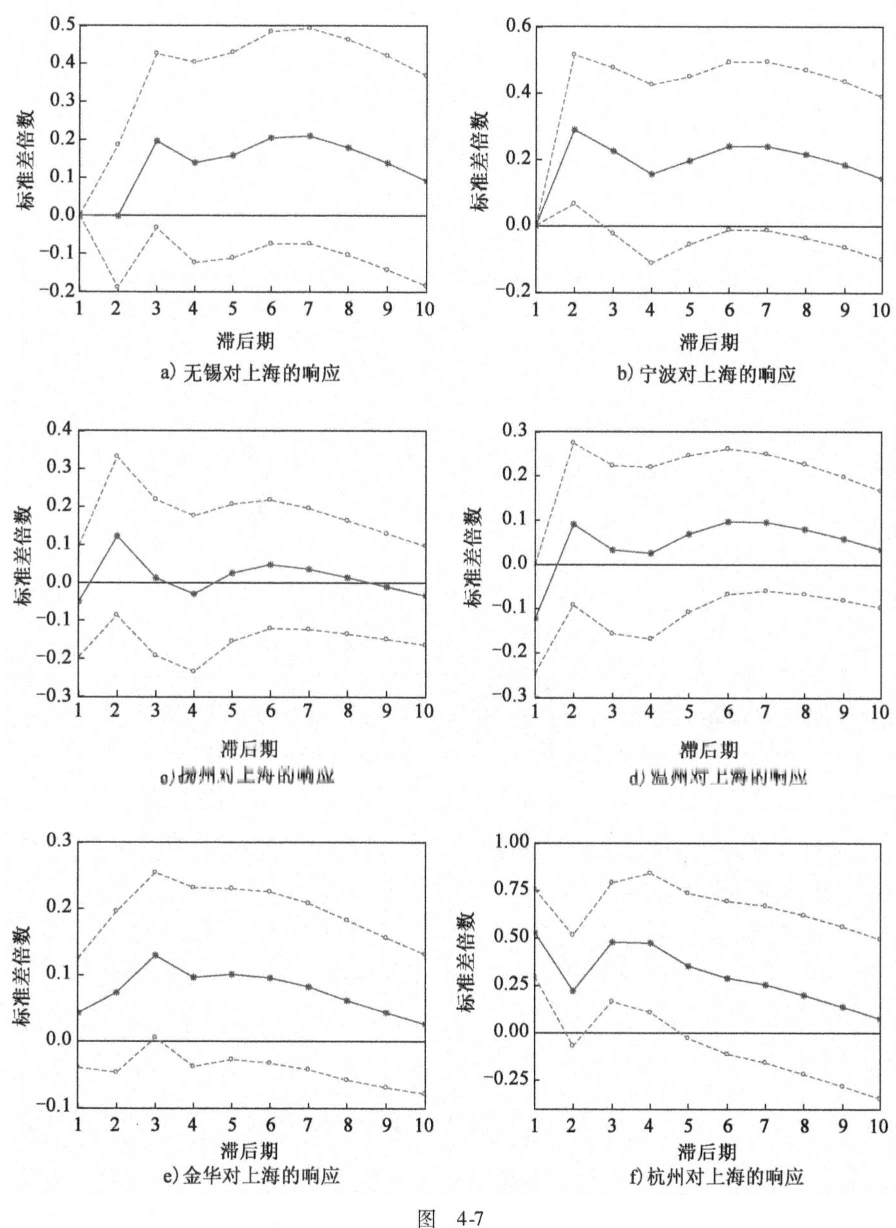

a) 无锡对上海的响应　b) 宁波对上海的响应

c) 扬州对上海的响应　d) 温州对上海的响应

e) 金华对上海的响应　f) 杭州对上海的响应

图　4-7

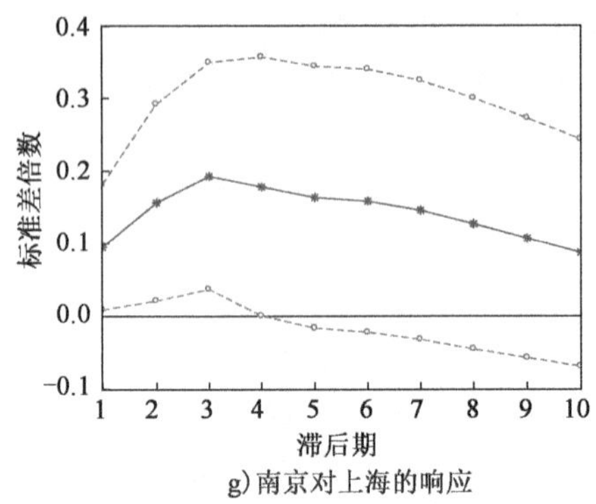

图 4-7　长三角城市群空间脉冲响应函数分析——上海的外生冲击影响

从图 4-7 脉冲影响的持续时间来看，也可以把长三角城市群 7 个城市分为 3 个组别。

第一组，为无锡和宁波两个城市。初始时刻，两个城市对来自上海的冲击没有响应，其中，无锡在滞后第 3 期、宁波滞后第 2 期才开始响应，即存在时滞现象。随即达到响应最大值，并振荡减缓，直至滞后期末，距离零值也较远。

第二组，为扬州和温州两个城市。初始时刻，两个城市对来自上海的冲击均呈现负向消极响应，且温州的消极响应程度更大。滞后第 2 期开始呈现正向响应，并达到最大值，随后开始振荡衰减，至滞后期末时刻，衰减接近零值。

第三组，为金华、杭州和南京三个城市。三个城市对来自上海的外生冲击初始时刻即作出积极正向响应，特别是杭州的响应程度达到 0.5 个标准差。随后，金华和杭州的响应程度开始逐渐增加，滞后第 3 期时达到最大值，然后接近直线衰减，接近零值。而杭州则从初始时刻达到最大值后，振荡衰减，接近零值。

对比两图可以看出，长三角城市群城市对来自上海的冲击响应程度，比来自杭州的相对而言要缓和一些。

具体而言，从最大脉冲响应幅度来看，来自上海的一个标准差外生冲击，对长三角城市群城市的杭州造成的影响最大，来自杭州的一个标准差外生冲击对上海造成的影响最大，但最大值相差不多（均在 0.5 个标准差附近）。从对城市群内其他城市的影响来看，来自杭州的冲击要比来自上海的造成的影响更大。

4.4.3　珠三角城市群商品住宅价格源头的空间脉冲响应函数分析

如图 4-8 所示是珠三角城市群对来自深圳的一个标准差外生冲击响应图。

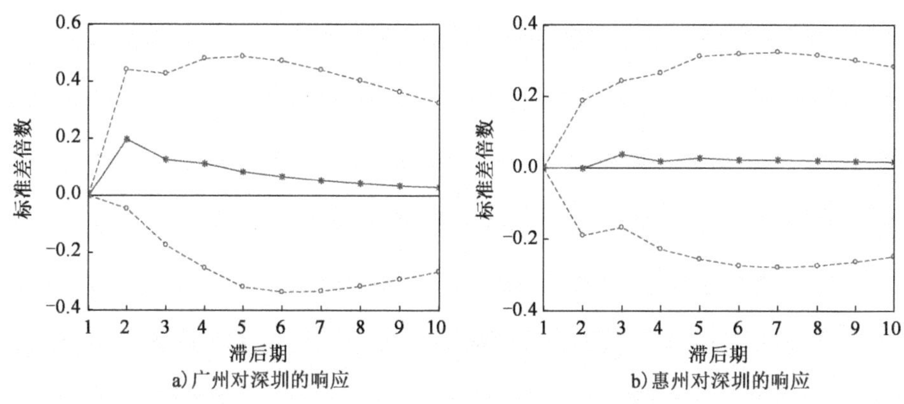

a)广州对深圳的响应　　b)惠州对深圳的响应

图4-8　珠三角城市群空间脉冲响应函数分析——深圳的外生冲击影响

从图4-8中可以看出，与惠州相比，广州的响应程度和响应持续期均要高于惠州。且两个城市都存在较为显著的时滞效应，其中广州在滞后第2期开始作出响应且达到最大值(0.2个标准差)，然后开始接近直线衰减，滞后第10期时，接近零值。而惠州则始终处于地位运行，滞后第3期才离开零值，以最大值0.03个标准差开始振荡，滞后第10期接近零值结束响应。

4.4.4　四个一线城市之间空间脉冲响应函数分析

前文利用空间格兰杰因果关系检验方法，发现四个一线城市(北京、上海、广州和深圳)互为因果关系的显著证据，本节利用空间脉冲响应函数方法，分别对四个一线城市给予外生冲击，研究在它们之间是否存在响应关系。结果如图4-9所示。

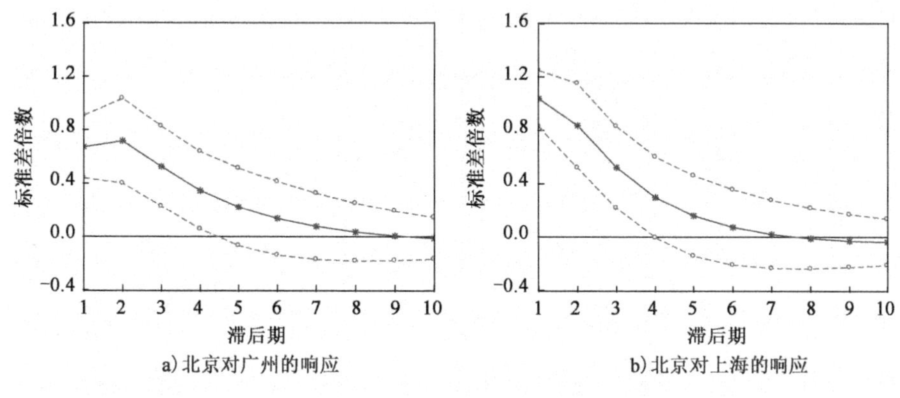

a)北京对广州的响应　　b)北京对上海的响应

图　4-9

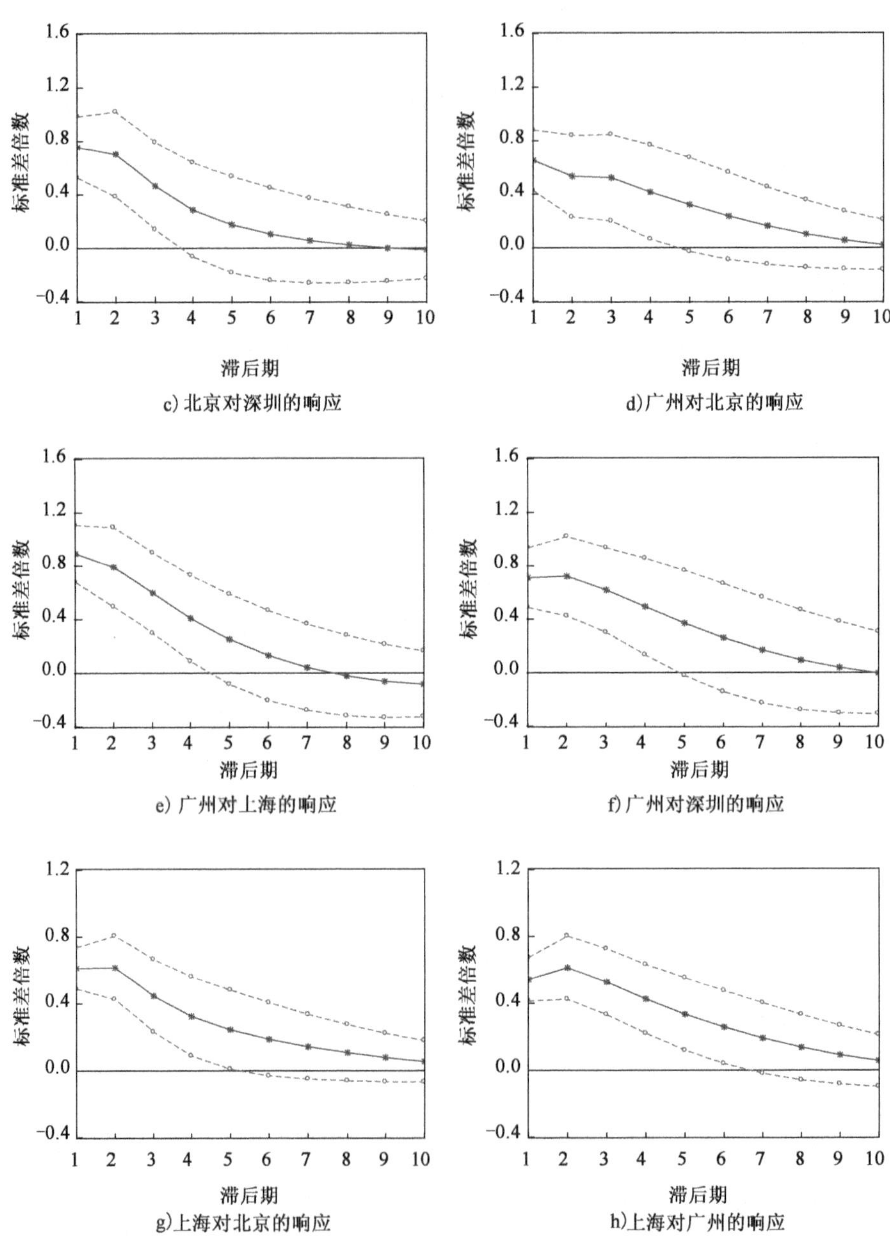

c) 北京对深圳的响应

d)广州对北京的响应

e) 广州对上海的响应

f) 广州对深圳的响应

g)上海对北京的响应

h)上海对广州的响应

图 4-9

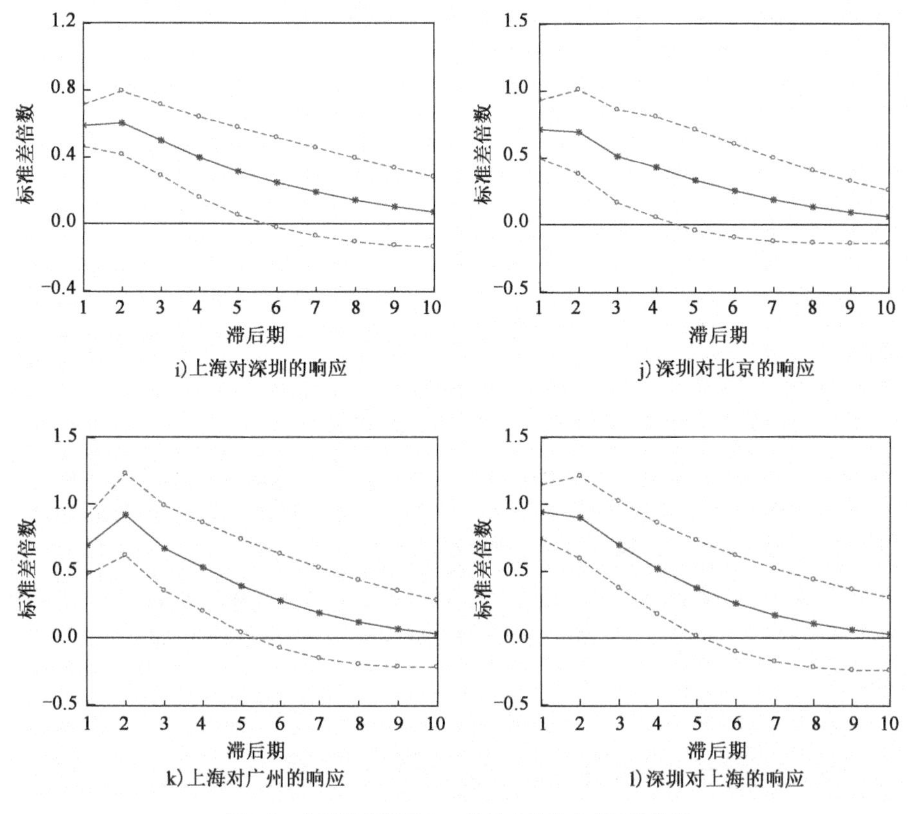

图 4-9　典型城市群四个一线城市脉冲响应函数分析

从图 4-9 中可以发现，分别对四个一线城市给予外生冲击后，在其他三个一线城市间产生了显著的响应。无论在响应程度，还是响应持续的时间上，均比三个典型城市群内部要更显著。这为一线城市间价格的相互传导提供了支持性证据。

4.5　本章小结

本章选取我国三个典型城市群的 16 个城市商品住宅价格数据进行了价格传导关系的研究，主要解决了两个核心问题：

其一，利用基于 SpVAR 模型的空间格兰杰因果关系检验方法，厘清了我国三个典型城市群内城市商品住宅价格的格兰杰因果关系，找到了各自价格波动的源头：在京津冀城市群内，北京和石家庄分别为价格波动的主源头和次级源头，区域内的核心城市——北京的住宅价格波动呈现“中心领涨”的态势，且不易受到区域内其他城市价格变动的影响；在长三角城市群内，上海和杭州并立成为价格波动的源头，且随着时间推移二者价格领涨呈现“多点交替”的态势；在珠三角城市群内，深圳是价格波动的唯一源头；此外，四个一线城市之间则互为显著的格兰杰因果关系，它们之间的价格波动呈现出“外围推动”态势。

以上研究表明，在我国三个典型城市群内，城市商品住宅价格波动的源头主要存在于城市群的核心城市，它们对区域价格的互动性起到了动力的作用。此外，城市群中非核心城市也不容忽视：如京津冀城市群的石家庄市、长三角城市群的杭州市，它们对区域内二三线城市起到了带动与示范作用，也是区域内价格互动的动力。

其二，利用基于 SpVAR 模型的空间脉冲响应函数方法，分析了三个典型城市群内，当价格传导源头受到外生冲击后，各个城市的响应状况，重点分析了响应幅度和响应的滞后期。在京津冀城市群内，非核心城市对来自源头的脉冲产生的响应不是很激烈，这体现在幅度较缓和滞后时长较短；长三角内的城市对来自两个并立源头的脉冲产生的响应可以显著地分组；珠三角城市群对脉冲的响应相差十分巨大。而四个一线城市间的脉冲响应均十分迅捷，响应幅度较大，持续时间较长。

这表明城市群作为开放的城市体系，彼此之间的市场亦有信息交换和预期传导，虽然四个一线城市地理空间上并未接壤，但任何一者的波动都会在统计意义十分显著地相互传导。

第 5 章　城市群商品住宅价格城市间波动性外溢分析
——基于 DCC-MGARCH 模型的实证研究

与非城市群城市相比,城市商品住宅价格的空间关联与波动性外溢在我国三个典型城市群内理应有着特殊的表现形式。且从城市群视角出发,研究商品住宅价格城市间的动态时变的波动性外溢特征,对促进城市群区域经济协调发展和加强区域商品住宅市场风险防控均有着重要的意义。

本章结构安排如下:第 1 节,商品住宅价格城市间波动性外溢的相关理论基础;第 2 节,研究方法,重点介绍 DCC-MGARCH 模型原理及参数估计;第 3 节,数据来源及预处理;第 4 节,实证研究;第 5 节,相关政策对波动性外溢的影响分析;第 6 节,构建参照组对比分析;第 7 节,结论。

5.1　理论基础与相关研究进展

关于住宅价格城市间波动性外溢的理论解释,截至目前尚未达成统一的认识。学者们分别从空间经济理论、新经济地理论、行为金融理论和城市群的理论等多个角度给出了各自关于价格波动性外溢的解释。

5.1.1　理论基础

地理学第一定律(Tobler's First Law)认为地理事物或属性在空间分布上互为相关,存在集聚、随机与规则分布。该理论应用于城市间的住宅市场价格上,则为价格的空间相关与空间异质性。住宅价格空间相关体现为价格除了受到本地因素的影响外,还会受到邻近地区的影响,进而表现出趋同与收敛。空间异质性则体现为不同地区房价对相同的外生冲击,呈现出不同的涨落反应,进而出现分化与异质性。由此产生了城市间住宅价格的空间传导。

新经济地理学认为区域中城市不是独立存在的,空间距离接近的城市总是围绕着某个或某些核心大城市形成彼此关联的城市体系。在这一城市体系当中,存在着"经济关联(E-Linkages)"和"知识关联(K-Linkages)",规模经济递增的收益促进区域产业集聚，使得经济变量在城市间外溢不可避免。

城市群理论对经济变量城市间外溢也有类似的解释，认为城市群内城市之间具有相互吸引聚集与扩散辐射功能，且首位城市起着核心作用。随着交通网络的完善，物资、人员、技术、信息和金融等资源，通过经济协作网络和交通体系，几乎同时产生集聚与扩散现象。

还有学者从商品住宅的投资属性视角出发，把其价格城市间外溢解释为空间套利。行为金融学利用"羊群效应"和"买涨不买跌"的心理来解释非理性购房者的行为导致了住房价格的区域性领先滞后变化。

5.1.2 商品住宅价格波动性外溢研究的进展

波动性外溢的概念最早用于描述不同金融市场之间价格的互动关系，学者们发现资产收益率二阶矩(Second Moment)所包含的信息对价格的波动和传导产生重要影响。De Santes 和 Gerard(1997)、Harvey 和 Ng(2005)、Celso(2008)等先后基于多元 GARCH 模型研究了住宅价格收益率和波动性在城市间转移(Transmission)的问题。Dolde 和 Tirtiroglu(1997)，Crawford 和 Fratantoni(2003)证实美国城市住宅价格具有时变波动性(Time-Varying Volatility)。随后，Wong(2006)、Guirguis(2007)、Hossai 和 Latif(2007)先后在我国香港、西班牙和加拿大等地区和国家发现了类似的证据。

美国次贷危机之后，国内外关于住宅价格城市间波动性外溢研究的文献渐多，学者们主要借鉴了金融市场波动性外溢(Volatility Spillover)的概念——指不同金融市场之间的波动可能存在相互影响，波动会从一个市场传递到另一个市场，波动性外溢可能存在于不同地域的市场之间，也可能存在于不同类型的金融市场之间。Miles(2008)证实美国住宅收益率的条件方差具有波动性外溢效应。Bing(2013)利用 DSP-GARCH 研究了美国 19 个区域的住宅市场价格的波动性外溢问题，证实了波动性的空间传导现象，尤其在 2007—2009 年次贷危机期间，地理接近城市间表现得更为强烈(Stronger)。

我国学者对城市商品住宅价格区域传导问题也进行了研究，代表性的工作包括：洪涛和西宝等(2007)，王松涛和刘洪玉等(2008)，洪涛(2009)，吴伟巍和郑彦璐等(2011)，陈浪南和王鹤(2012)，李智和郑彦璐等(2013)，李爱华和杨婧(2014)等。

5.1.3 相关研究的评述

以上成果为研究我国城市住宅市场价格区域波动性外溢提供了重要的参

考,但仍有进一步完善之处。首先,在研究区域的选择上,我国学者往往限制于数据的可获得性,要么主观按照东中西部进行大片区域划分,要么仅包含城市群所辖的少数城市,且没能充分考虑到城市群城市之间客观存在的经济交融与地理接近特殊联系对住宅价格传导产生的影响。其次,对住宅市场运行的动态时变性特征没有给予充分关注。

鉴于此,本书分别选取京津冀城市群的 5 个城市、长三角城市群的 8 个城市和珠三角城市群的 3 个城市的商品住宅市场为研究对象,首次尝试将 DCC-MGARCH 模型应用于我国城市群商品住宅价格波动性外溢的研究。

其合理性在于:首先,城市群城市在地理、交通、经济、人口和信息等方面有着紧密的联系,经济变量的波动容易在城市间传递;其次,当前我国资本市场持续不景气,城市商品住宅价格波动变化受到普通购买者和投机者的高度关注,资金、信息和预期容易在城市间产生振荡,诱发区域性的波动性外溢和传导;最后,1998 年以来,我国城市商品住宅市场历经多轮调控,其运行环境充满了时变性,需要能捕获动态时变信息的模型来描述住宅价格的城市间关联与波动性外溢特征。

5.2 研究方法

5.2.1 DCC-MGARCH 模型的简介

基于多元广义自回归条件异方差的动态条件相关系数(一般简称为 DCC-MGARCH)模型由 Engle(2002)在 Bollerslev(1990)首创的基于多元广义自回归条件异方差的固定条件相关系数(一般简称为 CCC-MGARCH)模型基础上所提出。由于一般形式的多元 GARCH 模型需要估计的参数较多,给实际应用带来了巨大的计算困难,而且难以保证条件协方差矩阵的半正定性(刘志东,2010)。

DCC-MGARCH 模型更加符合描述序列间的动态时变特征,且处理多元问题时更为灵活,简化了模型参数的估计,在描述不同空间地域金融市场间的互动关系和波动性外溢方面得到了广泛的应用。

5.2.2 DCC-MGARCH 模型的构成及参数估计

一般地,若假设 r_t 为资产的收益率序列,则 DCC-MGARCH 模型的构成可以设定为如下形式:

$$r_t \mid \phi_{t-1} \sim N(0, H_t) \tag{5-1}$$

$$H_t = D_t' \cdot R_t \cdot D_t \tag{5-2}$$

$$D_t^2 = \text{diag}\{\omega_t\} + \text{diag}\{K_i\} \text{o} r_{t-1} \cdot r_{t-1}' + \text{diag}\{\lambda_i\} \text{o} D_{t-1}^2 \tag{5-3}$$

$$R_t = Q_t^{*-1} \cdot Q_t \cdot Q_t^{*-1} \tag{5-4}$$

$$Q_t = (1 - \sum_m \alpha_m^* - \sum_n \beta_n^*) \cdot \overline{Q} + \sum_m \alpha_m^* (\varepsilon_{t-m} \cdot \varepsilon_{t-m}') + \sum_n \beta_n^* \cdot Q_{t-n} \tag{5-5}$$

模型中,式(5-1)是多元正态分布假设,为参数的极大似然估计做准备;式(5-3)是 MGARCH 模型表述,其中 o 表示矩阵的 Hadamard 积;式(5-4)是相关系数矩阵表示形式,式(5-5)是多元情况下的协方差矩阵。

关于模型参数的估计,Engle 给出了模型的两阶段 ML 估计,模型的对数似然函数可以表示为:

$$\begin{aligned} L &= -\frac{1}{2}\sum_{t=1}^{T}[n\log(2\pi) + \log|H_t| + r_t'H_t^{-1}r_t] \\ &= -\frac{1}{2}\sum_{t=1}^{T}[n\log(2\pi) + 2\log|D_t| + r_t'D_t^{-1}D_t^{-1}r_t - \varepsilon_t'\varepsilon_t + \log|R_t| + \varepsilon_t'R\varepsilon_t] \end{aligned} \tag{5-6}$$

对以上似然函数求极大值,即可求解相关的参数向量。如果将 D_t 中的参数向量表示成 θ,将 R_t 中的参数表示成 φ,则对数似然函数可以看成是波动部分 $L_v(\theta)$ 与相关部分 $L_c(\theta,\varphi)$ 之和。即:

$$L_v(\theta) = -\frac{1}{2}\sum_{t=1}^{T}[n\log(2\pi) + 2\log|D_t| + r_t'D_t^{-1}D_t^{-1}r_t] \tag{5-7}$$

$$L_c(\theta,\varphi) = -\frac{1}{2}\sum_{t=1}^{T}(\log|R_t| + \varepsilon_t'R_t^{-1}\varepsilon_t - \varepsilon_t'\varepsilon_t) \tag{5-8}$$

此外,关于模型滞后期的选取,Bollerslev(1992)的研究中指出,MGARCH(1,1)已基本能描述大多数资产价格的集聚性特征,因而本书利用 MGARCH(1,1)来描述住宅价格的波动集聚特征。

5.3 数据及预处理

5.3.1 数据来源

本章研究中的城市群及城市代表、样本期间、样本的来源和城市名称的标注均与第3章和第4章保持一致。

5.3.2　收益率序列及零均值化处理

为分析商品住宅价格的波动性外溢特征,需要先计算住宅收益率序列。根据商品住宅价格指数(环比)的定义:

$$I_t = \frac{P_t}{P_{t-1}} \times 100 \tag{5-9}$$

可以推导出各期收益率:

$$R_t = \left(\frac{I_t}{100}\right) - 1 = \frac{P_t - P_{t-1}}{P_{t-1}} \tag{5-10}$$

本章分别用 RBJ、RTJ、RSHJZH、RTSH、RQHD、RSHH、RNJ、RHZH、RNB、RWX、RYZH、RWZH、RJH、RGZH、RSHZH 和 RHUZH 表示前述16个城市的商品住宅收益率序列。

表5-1显示了各序列的描述性统计情况,从中可以看出,各城市的偏度(Skewness)取值均不为零,则所有序列都不是服从正态分布的。且杭州、金华、宁波和温州4个城市商品住宅收益率序列的偏度为负向偏斜,其他12个城市均为正向偏斜。此外,所有城市的商品住宅价格收益率序列的峰度(Kurtosis)取值均显著大于3,说明各收益率序列均满足厚尾特征,基本符合GARCH族模型的使用条件。

此外,根据Engle(2002)所述,DCC-MGARCH模型要求收益率序列满足零均值的条件,而从表5-1中第一行可见,各序列的均值(Mean)均显著异于零,需要对收益率序列先进行零均值化处理。

本书根据log likelihood最大原则,对各收益率序列施加AR(1)回归进行零均值化处理,取回归后的残差序列带入DCC-MGARCH模型进行分析。此时,三个典型城市群的残差时序图分别如图5-1、图5-2和图5-3所示,可见序列的趋势项已基本消失,已基本能围绕零值上下波动,且从序列的分布状况来看,三张图中部分时段均表现出明显的集聚现象,基本能满足Engle所提出的DCC-MGARCH模型的适用条件。

京津冀、长三角和珠三角城市群 16 个城市商品住宅价格收益率序列描述性统计表　表 5-1

项　目	京津冀城市群 5 城市					长三角城市群 8 城市								珠三角城市群 3 城市		
	RBJ	RTJ	RSHJZH	RTSH	RQHD	RSHH	RNJ	RHZH	RNB	RWX	RYZH	RWZH	RJH	RGZH	RSHZH	RHUZH
均值	0.012	0.009	0.015	0.019	0.004	-0.0053	0.0007	-0.0024	0.0042	0.0053	0.0049	-0.0163	0.0076	0.011	0.009	0.008
中位数	0.007	0.006	0.007	0.009	0.003	0.001	0.002	0.004	0.003	0.001	0.004	0.000	0.004	0.007	0.005	0.009
最大值	0.112	0.076	0.117	0.101	0.041	0.055	0.078	0.043	0.076	0.078	0.036	0.056	0.058	0.112	0.065	0.091
最小值	-0.016	-0.018	-0.052	-0.027	-0.02	-0.103	-0.076	-0.086	-0.036	-0.020	-0.024	-0.169	-0.013	-0.031	-0.018	-0.056
标准差	0.020	0.017	0.027	0.028	0.008	0.031	0.0278	0.0280	0.0164	0.0147	0.0106	0.0499	0.0147	0.022	0.018	0.021
偏度	2.628	2.110	2.054	1.787	1.164	-1.861	-0.8763	-1.8492	0.6181	1.400	0.774	-1.7989	1.9167	1.602	1.730	0.328
峰度	11.495	8.042	8.114	5.224	8.129	5.986	5.1567	5.809	6.916	7.6457	4.9824	5.183	6.516	6.843	5.528	5.539
雅克—贝拉	419.99	181.93	181.06	74.58	133.51	95.84	32.504	90.785	70.98	123.82	26.63	74.537	113.87	105.378	77.288	28.951
总计	1.229	0.998	1.532	1.93	0.457	-0.539	0.071	-0.245	0.425	0.544	0.4950	-1.654	0.775	1.166	0.986	0.880
离差平方和	0.041	0.029	0.073	0.076	0.0057	0.097	0.0776	0.0789	0.0271	0.0218	0.0113	0.249	0.0217	0.052	0.034	0.043
观测值	131	131	131	131	131	131	131	131	131	131	131	131	131	131	131	131

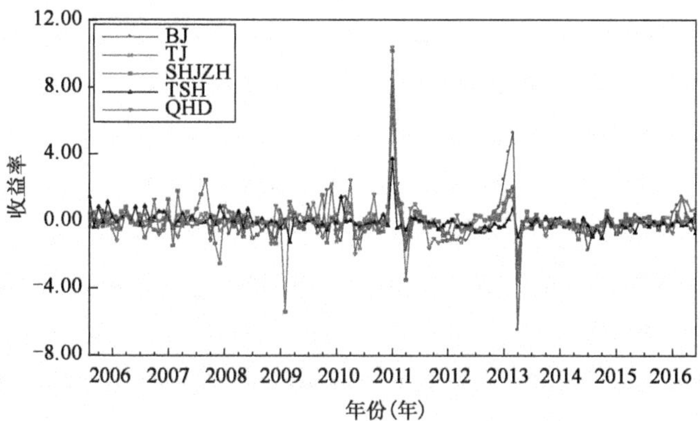

图 5-1　零均值化后京津冀 5 城市收益率时序图

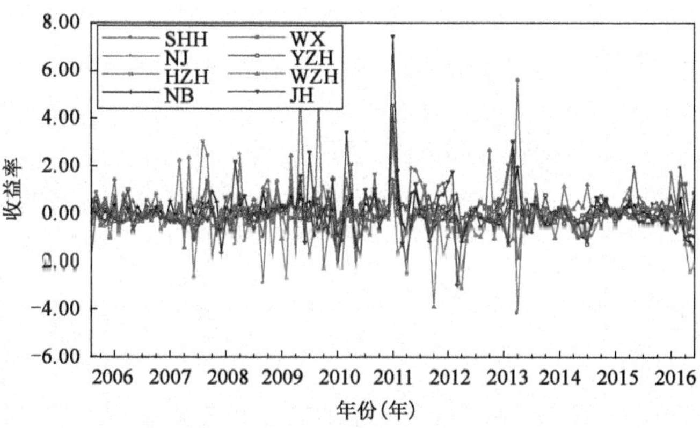

图 5-2　零均值化后长三角 8 城市收益率时序图

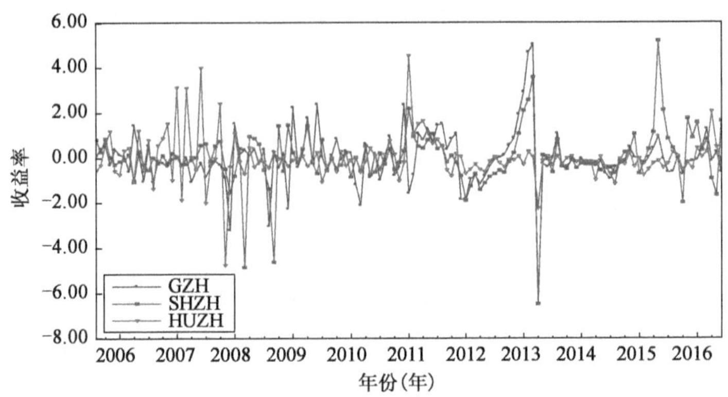

图 5-3　零均值化后珠三角 3 城市收益率时序图

5.4　实证研究

第 3 章和第 4 章所进行的协整关系检验、空间格兰杰因果关系检验仅反映了价格序列间的长期均衡与传导关系，短期时变波动性外溢关系的研究，需进一步计算商品住宅收益率序列的动态条件相关系数和动态条件方差。

5.4.1　DCC-MGARCH 模型参数估计

本书利用 Matlab12.0 软件，基于 Kevin Sheppard（2001）提供的 UCSD-GARCH 程序包编写程序，利用零均值处理后的三个典型城市群的商品住宅收益率序列，分别进行了 DCC(1,1)-MGARCH(1,1)模型参数估计，结果见表 5-2、表 5-3。

京津冀、长三角和珠三角城市群商品住宅收益率 GARCH(1,1) 模型方差方程参数估计结果　表 5-2

城　市　群		ω	t 值	α	t 值	β	t 值	$\alpha+\beta$
京津冀城市群	北京	0.012	(8.84)	0.457	(41.73)	0.369	(13.21)	0.826
	天津	0.018	(13.12)	0.011	(58.37)	0.987	(14.35)	0.998
	石家庄	0.011	(8.02)	0.026	(38.62)	0.969	(21.23)	0.995
	唐山	0.043	(10.66)	0.010	(29.52)	0.989	(15.32)	0.999
	秦皇岛	0.036	(9.58)	0.080	(63.16)	0.913	(9.73)	0.993

续上表

城市群		ω	t 值	α	t 值	β	t 值	$\alpha+\beta$
长三角城市群	上海	0.026	(7.49)	0.213	(11.82)	0.632	(36.30)	0.845
	南京	0.027	(9.47)	0.167	(31.02)	0.803	(41.24)	0.970
	杭州	0.031	(11.6)	0.190	(21.41)	0.756	(36.52)	0.946
	宁波	0.038	(9.56)	0.153	(17.39)	0.772	(29.33)	0.925
	无锡	0.016	(13.03)	0.279	(24.26)	0.643	(39.09)	0.922
	扬州	0.025	(14.08)	0.092	(12.01)	0.821	(32.22)	0.913
	温州	0.014	(10.72)	0.241	(31.36)	0.735	(25.73)	0.976
	金华	0.026	(12.06)	0.118	(26.74)	0.848	(38.27)	0.966
珠三角城市群	广州	0.056	(9.25)	0.213	(25.86)	0.759	(35.09)	0.972
	深圳	0.031	(12.29)	0.258	(29.69)	0.647	(38.47)	0.905
	惠州	0.039	(11.42)	0.273	(31.13)	0.593	(32.11)	0.866

注:圆括弧里数字分别为参数 ω、α、β 的估计值所对应的 t 值。

京津冀、长三角和珠三角城市群商品住宅收益率 DCC(1,1) 模型参数估计结果　　表 5-3

项　目	α	t 值	β	t 值
京津冀城市群参数值	0.586	(13.21)	0.372	(41.73)
长三角城市群参数值	0.639	(21.74)	0.263	(37.43)
珠三角城市群参数值	0.464	(25.34)	0.503	(29.66)

注:圆括弧里数字分别为参数 α、β 的估计值所对应的 t 值。

从表 5-2 中可见,三个城市群各自参数估计值(ω、α 和 β)的 t 值均较大,表明所估计的系数具有较好的显著性;此外,从表 5-2 中可以看出,16 个城市的单方程 GARCH(1,1)系数之和($\alpha+\beta$)均小于 1,表明这些模型均具有较好的稳定性。从表 5-3 中可以看出,DCC(1,1)模型参数估计值(α 和 β)的符号均为正值,符合理论假设,且各系数的 t 值具备较为显著的统计特征,说明模型的估计是显著的,可以用于计算各期的动态条件相关系数和动态条件方差,进行下一步的深入分析。

5.4.2 商品住宅的波动性外溢分析

前文所计算的(京津冀城市群 5 个城市、长三角城市群 8 个城市和珠三角 3 个城市)商品住宅收益率的各期动态条件相关系数分别如图 5-4、图 5-6 和图 5-8

所示,所计算的城市商品住宅收益率的各期动态条件方差分别如图 5-5、图 5-7 和图 5-9 所示。

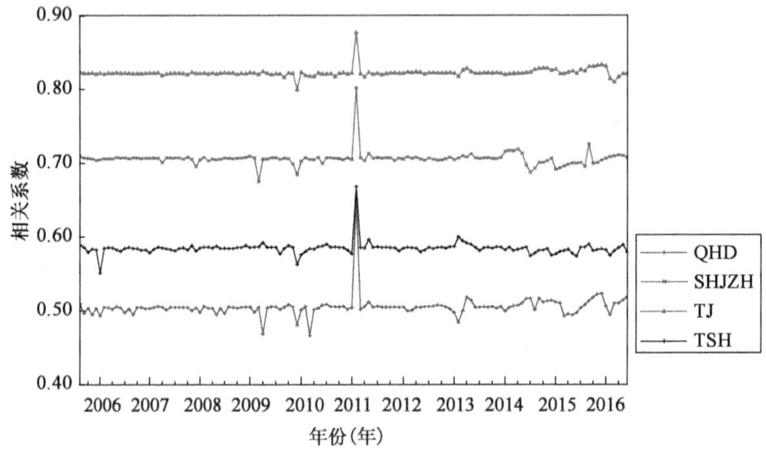

图 5-4 京津冀城市群 5 城市收益率动态条件相关系数

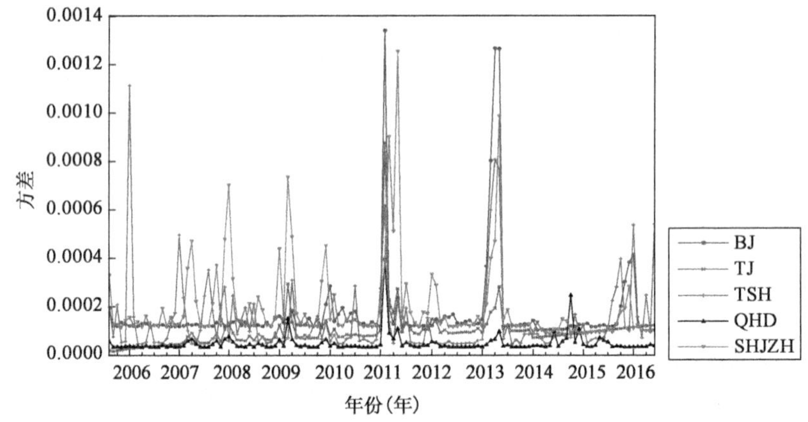

图 5-5 京津冀城市群 5 城市收益率动态条件方差

从收益率的动态条件相关系数和动态条件方差的整体走势来看,2005 年 8 月至 2016 年 6 月期间,三个城市群城市的这两个指标均表现出明显的起伏振荡,表明随着宏观经济运行环境的变化和房地产调控政策的调整,商品住宅价格呈现十分显著的时变波动性外溢特征。

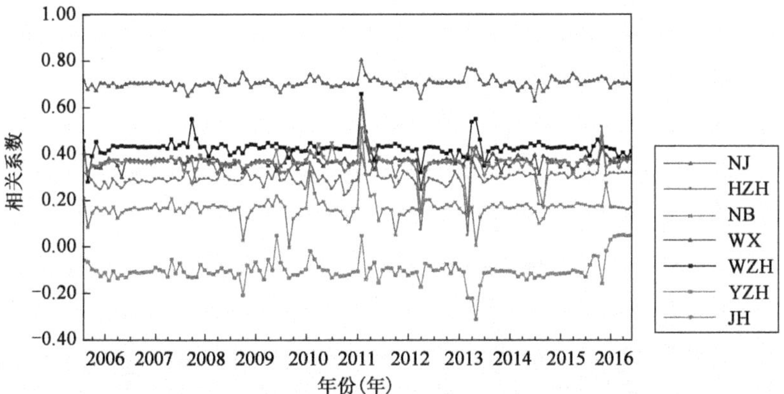

图5-6 长三角城市群8城市收益率动态条件相关系数

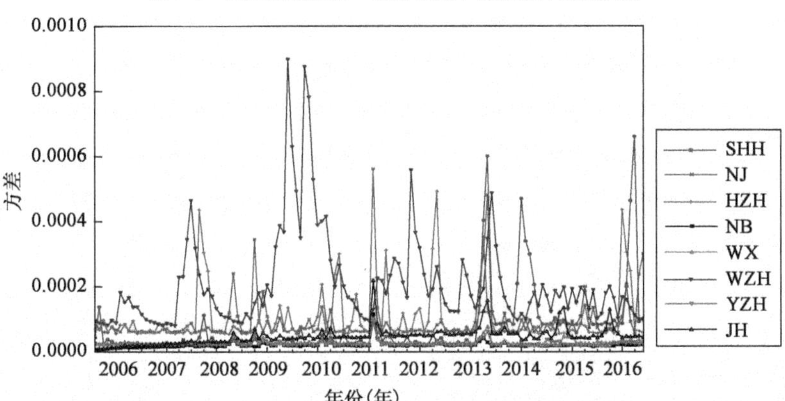

图5-7 长三角城市群8城市收益率动态条件方差

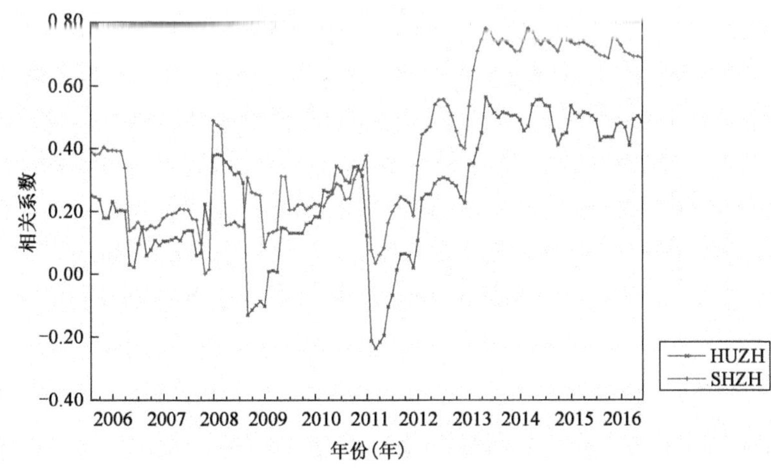

图5-8 珠三角城市群3城市收益率动态条件相关系数

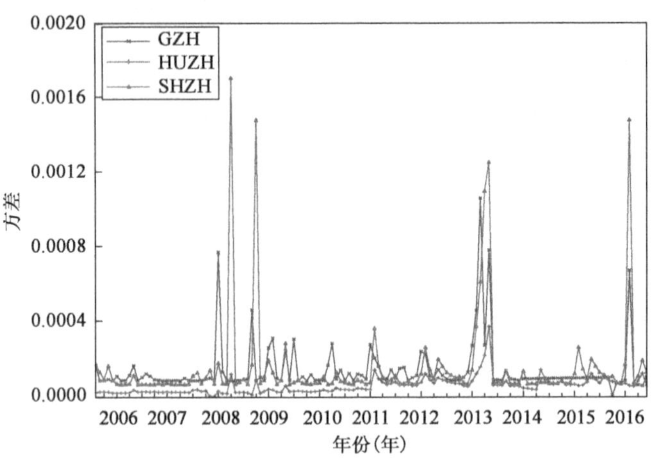

图 5-9 珠三角城市群 3 城市收益率动态条件方差

但时变的程度并不均匀:将图 5-4、图 5-6 和图 5-8 对比分析,可以发现,京津冀城市群 5 个城市的动态条件相关系数时变的程度最为平稳,长三角城市群 8 个城市次之,而珠三角城市群 3 个城市的时变性最强。此外,总体上来说,同一城市群内经济发展水平高的城市之间(主要集中在一线城市和省会城市)的商品住宅收益率的时变相关系数要更大一些,如:北京与天津和石家庄之间的动态条件相关系数平均值分别在 0.82 和 0.70,而与唐山和秦皇岛分别为 0.50 和 0.58;上海与南京和杭州之间的动态条件相关系数平均值分别为 0.70 和 0.65,而与同一城市群其他城市间的动态条件相关系数均分布在 0.43 以下;广州与深圳的动态条件相关系数平均值为 0.45 左右,而与惠州仅达到 0.20。

从动态条件相关系数来看,京津冀城市群内这一指标几乎随时间推移而水平延伸[1](个别时段有显著的波动起伏和交集汇合),在三个典型城市群中,这 5 个城市间存在的分异性最大,可能与城市群的一体化水平相比其他两者较为落后有关。长三角城市群 8 个城市间的分异性次之,且它们较为明显地分为三个组团:上海、南京和杭州为一个组团,温州单独为一组,余下四个城市为另外一个组团。珠三角城市群 3 个城市间的分异性最小,且在波动起伏变化过程中,动态条件相关系数在不断调整并有所提高,表明城市住宅市场的一体化程度在逐步提升。

[1]需要说明的是,因为京津冀城市群内城市间的发展水平差异较大,本书根据 DCC-MGARCH 模型所计算的各城市动态条件相关系数绝对值差异也较大,共同作图时即如图 5-4 所示,几乎是水平延伸,但若单独作图,各个序列的波动起伏亦非常显著。

从动态条件方差的波动情况来看，分别如图 5-5、图 5-7 和图 5-9 所示，样本期间，在京津冀城市群 5 个城市中，北京始终是发起波动性的源头（从方差变化的开始时间和变化的幅度来看），特别是 2011 年之后，这种领先波动的现象更为明显；长三角城市群 8 个城市中，2011 年之前主要表现为杭州、南京和温州的交替领先波动，2011 年之后，上海领先波动的效应更加突出；而对珠三角城市群 3 个城市而言，深圳始终是领先波动的城市，在波动的幅度上，深圳表现得也更加剧烈一些，惠州无论在波动的时间还是波动的幅度上，均落后于另外两个城市。以上事实，与前文关于商品住宅价格城市间传导的源头的研究结论基本保持一致。

5.5　相关政策对波动性外溢影响的分析

2005 年 8 月至 2016 年 6 月期间，我国政府为应对商品住宅价格的波动变化，合理引导消费和促进市场理性健康发展，先后动用了多种政策工具，甚至利用了“限购”“限贷”等行政色彩浓郁的调控手段来干预市场。这些政策的出台为本书分析商品住宅价格的波动性外溢变化提供了较好的机遇，本书选择了其中最有代表性的“限购令”，分别从长短期角度，对比政策实施前后时刻的动态条件相关系数和动态条件方差的异动情况，从而加深对三个典型城市群商品住宅价格的波动性外溢性的认识。

5.5.1　我国城市商品住房“限购令”实施情况的回顾

对城市商品住宅实施区域性“限购令”，是我国政府调控住房价格上涨过快、抑制投机行为和引导热点区域住房合理消费所采取的特定政策。2010 年 4 月 30 日，北京市率先根据“国十条”精神制定本市的限购细则，《北京市人民政府贯彻落实国务院关于坚决遏制部分城市房价过快上涨文件的通知》（京政发〔2010〕13 号）中规定一个家庭只能新购一套商品房，从而拉开了随后在全国范围累计多达 46 个城市实施的“限购令”政策大幕。

2010 年 9 月 29 日，中央出台楼市“新国十条”，促动各级地方政府加快实施商品住房的“限购令”。2010 年 9 月 30 日，深圳市紧急出台了本市住房“限购令”，规定从 10 月 1 日起，本市户籍居民限购两套住宅，或满足规定条件的非本市户籍居民限购一套住宅。10 月 7 日，上海出台本市的“限购令”细则：上海户籍居民和满足条件的非上海户籍居民均只能购买一套住宅（包括二手住宅）。10 月 9 日，宁波发文规定本市和满足条件的非本市户籍居民家庭，在该市均只能购买一套商品住宅。10 月 11 日，杭州市施行本市及非本市户籍居民家庭只能购买一套商品住房(包括二手房)。南京市规定从10月12日起,无论家庭户籍性质如何,均暂时限制购买第三套住房。10月13日天津市发布本市限购令,规定自即日起,在天津市内六区范围内不论户籍性如何,居民家庭均只能新购一套商品住房。10月15日起,广州暂时实行限定居民家庭购房套数的政策。

2011年1月26日,国务院发布《国务院办公厅关于进一步做好房地产市场调控工作有关问题的通知》(国办发〔2011〕1号),要求将二套房首付比例提高至60%,信贷利率提高1.1倍,合理引导住房需求,要求各直辖市、计划单列市、省会城市和房价过高、上涨过快的城市,在一定时期内要从严制定和执行住房限购措施。此后,石家庄、温州、无锡、金华四个典型城市群所辖城市先后在2011年2月底之前制定并发布实施各个城市的“限购令”,全国范围内累计实施“限购令”的城市达到46个。

直至2014年6月,以呼和浩特市为首开始施行“破限”政策,紧随其后,合肥市于8月、南宁市于10月开始“破限”。其他城市陆续跟进,截至2016年6月,仅有北京、上海、深圳、广州、珠海和三亚6个城市仍然执行“限购令”。

5.5.2 “限购令”对住宅价格波动性外溢的影响分析

在城市彼此之间存在“地理接近和交通便捷”特性的城市群范围内,由于“限购令”政策的实施仅仅覆盖了城市群的部分城市❶,学术界普遍认为短期来看,当事城市达到了抑制价格上涨和遏制投机行为的初衷(张德荣,2013),但对那些未实施“限购令”政策的城市群城市而言,因为限购所挤出的购买力以及资本获利的本性所引致的跨区域投资或投机行为,是否造成了较为显著的价格外溢性效应呢?

将三个城市群所辖16个城市的商品住宅收益率的动态条件相关系数和动态条件方差在“限购令”实施期与全样本期进行了对比分析,需要说明的是,在京津冀城市群中,由于北京市2010年4月30日对外公布实施“限购令”,天津市和石家庄市随后施行,且截至2016年6月北京市也没有取消“限购令”,故而将京津冀城市群的实施期设定为2010年5月至2016年6月;长三角城市群中,上海市于2010年10月率先实施“限购令”,其他城市紧随其后,截至目前上海市的“限购令”仍在执行,所以将长三角城市群的实施期设定为2010年10月至2016年6月;珠三角城市群中,深圳市于2010年10月最先实行“限购令”政策,

❶京津冀城市群仅涉及北京、天津和石家庄;长三角城市群涉及上海、杭州、南京、无锡、苏州、温州、宁波、金华;珠三角城市群涉及深圳、广州和佛山。

且截至目前广州和深圳也未取消这一政策，故而该城市群的限购令实施期设定为 2010 年 10 月至 2016 年 6 月。由前文可知，全样本期可设置为 2005 年 8 月至 2016 年 6 月。

首先从长期效果看，与全样本期相比，从表 5-4 可以发现"限购令"实施期，三个典型城市群 16 个城市中，仅有杭州、温州和金华 3 个城市的商品住宅收益率的动态条件相关系数呈现下降趋势（杭州从 0.6596 下降至 0.6572，温州从 0.0433下降至 0.0364，金华从 0.3622 下降至 0.3618），其他 13 个城市呈现不同程度的上升趋势。而在此期间，16 个城市的动态条件方差均呈现上升趋势（其中仅有温州持平）。然后与"限购令"实施之前的时段相比，发现"限购令"实施期间，16 个城市的商品住宅收益率的动态条件相关系数仍然呈现杭州、温州和金华 3 个城市下降（杭州从 0.6592 下降至 0.6572，温州从 0.4196 下降至 0.0364，金华从 0.3626 下降至 0.3618），其他 13 个城市维持稳定和呈现不同程度的上升。动态条件方差亦维持原来变化态势。

以上事实表明，"限购令"的实施加速了上海与杭州、温州和金华 3 个城市间商品住宅市场的分异性，即减缓了城市间的波动性外溢效应；而对京津冀城市群 5 个城市、珠三角城市群 3 个城市所起到的分异性作用不明显，某种程度上来说，区域性限购政策在商品住宅价格的波动性外溢上，没有起到限制作用。

此外，为了细致挖掘"限购令"对住宅价格所产生的波动性外溢的影响，还应从相对短的时期来看指标的异同情况。本书对比了三个典型城市群分别实施"限购令"的前后 6 个月范围内，时变动态条件相关系数和动态条件方差的变化情况，以观察是否分别产生了短期的波动性外溢效应。根据前文设定的"限购令"实施期，京津冀城市群分别选择了两个时段进行对比：2009 年 11 月至 2010 年 4 月与 2010 年 5 月至 2010 年 10 月；珠三角城市群和长三角城市群均选择了如下两个时段进行对比：2010 年 08 月至 2011 年 1 月与 2011 年 2 月至 2011 年 7 月。对比结果如表 5-4 所示。

对京津冀城市群两个时段的动态条件相关系数相比较可以看出，限购后比限购前均呈现下降态势（其中，天津从 0.8224 下降至 0.8208，石家庄从 0.7059 下降至 0.7037，唐山从 0.5844 下降至 0.5840，秦皇岛从 0.5030 下降至 0.5003）；而动态条件方差除石家庄维持平衡外，其他城市均呈上涨态势。这说明短期来看，"限购令"的实施在该城市群区域内城市间确实起了限制价格外溢的作用。

长三角城市群两时段的动态条件相关系数对比可见，仅有温州呈现较大幅度上升态势（从 0.0417 上升至 0.0566），其他城市均呈现不同程度下降态势。

表 5-4

京津冀、长三角和珠三角城市群16个城市商品住宅收益率动态条件相关系数和动态条件方差分时段均值统计表

时段	指标	京津冀城市群5城市					长三角城市群8城市								珠三角城市群3城市		
		BJ	TJ	SHJZH	TSH	QHD	SHH	NJ	HZH	NB	WX	YZH	WZH	JH	GZH	SHZH	HUZH
2005-08—2016-06	动态条件相关系数	1.0000	0.8228	0.7068	0.5852	0.5040	1.0000	0.7066	0.6596	0.1667	0.4291	0.3705	0.0433	0.3622	1.0000	0.3136	0.1868
	动态条件方差	0.00018	9.7×10^{-5}	0.0002	0.00014	4.7×10^{-5}	0.00012	8.9×10^{-5}	9.9×10^{-5}	2×10^{-5}	2.8×10^{-5}	2.3×10^{-5}	0.00023	4.5×10^{-5}	0.00017	0.00016	5.1×10^{-5}
2005-08—2010-05	动态条件相关系数	1.0000	0.8227	0.7067	0.5818	0.5015											
	动态条件方差	0.00013	3.1×10^{-5}	0.0001	0.00016	3.6×10^{-5}											
2005-08—2010-10	动态条件相关系数						1.0000	0.7003	0.6592	0.1570	0.4196	0.3617	0.0413	0.3626	1.0000	0.2739	0.1503
	动态条件方差						9.3×10^{-5}	6.6×10^{-5}	7.3×10^{-5}	1.2×10^{-5}	2.4×10^{-5}	2.1×10^{-5}	0.00011	1.7×10^{-5}	0.0001	8.9×10^{-5}	2.5×10^{-5}
2011-02—2016-06	动态条件相关系数	1.0000	0.8245	0.7095	0.5881	0.5084	1.0000	0.7147	0.6572	0.1731	0.4305	0.3775	0.0364	0.3618	1.0000	0.4544	0.2244
	动态条件方差	0.00027	0.00015	0.0003	0.00016	5.5×10^{-5}	0.00015	0.00011	0.00011	2.4×10^{-5}	3.1×10^{-5}	2.6×10^{-5}	0.00023	6.5×10^{-5}	0.00024	0.00019	8.9×10^{-5}
2009-11—2010-04	动态条件相关系数	1.0000	0.8224	0.7059	0.5844	0.5030											
	动态条件方差	0.00013	7.1×10^{-5}	0.0002	9.2×10^{-5}	4.4×10^{-5}											
2010-05—2010-10	动态条件相关系数	1.0000	0.8208	0.7037	0.5840	0.5003											
	动态条件方差	0.00015	9.7×10^{-5}	0.0002	0.00016	4.5×10^{-5}											
2010-08—2011-01	动态条件相关系数						1.0000	0.7043	0.6587	0.1679	0.4272	0.3683	0.0417	0.3694	1.0000	0.2309	0.1859
	动态条件方差						9.2×10^{-5}	7.5×10^{-5}	9.6×10^{-5}	1.9×10^{-5}	2.6×10^{-5}	2.1×10^{-5}	0.00017	3.5×10^{-5}	0.00014	0.00022	3×10^{-5}
2011-02—2011-07	动态条件相关系数						1.0000	0.7011	0.6515	0.1626	0.4356	0.3684	0.0566	0.3553	1.0000	0.2132	0.1573
	动态条件方差						0.00012	9.5×10^{-5}	0.00011	2×10^{-5}	2.7×10^{-5}	2.2×10^{-5}	0.00037	4.6×10^{-5}	0.00014	9.5×10^{-5}	3.5×10^{-5}

两时段的动态条件方差则均出现上升。这说明在该城市群范围内,“限购令”在短期内对绝大多数城市起到了一定的限制外溢作用,而温州市因为特殊的资本炒作,价格的抑制和外溢性并未得到较好的遏制。

珠三角城市群内“限购令”实施前后6个月内,动态条件相关系数呈现明显的下降趋势,而动态条件方差则均呈现上升态势,说明短期来看,“限购令”在此区域内发挥了预期的抑制价格外溢的作用。

5.6 构建参照组对比分析

为了验证是否只有三个典型城市群城市之间的商品住宅价格才具有波动性外溢变化特征,综合考虑城市之间的经济联系、地理距离以及样本数据的可获得性等因素,分别从如下两个角度构建参照组进行对照分析:

5.6.1 互换城市群的核心城市构建参照组

分别用上海和深圳的商品住宅价格指数和收益率序列替换同期京津冀城市群中北京的相应序列,用北京和深圳的商品住宅价格指数和收益率序列替换同期长三角城市群中上海的相应序列,用北京和上海的商品住宅价格指数和收益率序列替换同期珠三角城市群中深圳的相应序列,构建了6个新的“城市群”作为原城市群的参照组,建立DCC-MGARCH模型计算动态条件相关系数和动态条件方差,并与原城市群的相应指标进行对比。

6个参照组的动态条件相关系数和方差的变化情况如表5-5所示,各参照组两个指标的总体走势仍然保持了波动起伏特征,表现出明显的时变性,但与各自原始城市群相应指标相比,均呈下降态势,尤其同期的动态条件相关系数下降得十分突出。这为城市群城市间商品住宅价格的互动联系要比非城市群城市间更加紧密提供了支持性证据。此外,核心城市与省会城市间的相关系数更大的现象没有改变。

5.6.2 替换非核心城市构建参照组

保留城市群核心城市,用经济与政治地位相近,但与核心城市空间距离更大的城市,来替换部分非核心城市构建了3个参照组,建立DCC-MGARCH模型计算动态条件相关系数和动态条件方差,并与原城市群的相应指标进行对比。

表 5-5

交换核心城市后六个参照组城市商品住宅收益率动态条件相关系数和动态条件方差分时段均值统计表

指标	区域	京津冀参照组(1)—上海替换北京					京津冀参照组(2)—深圳替换北京					长三角参照组(1)—北京替换上海							
	样本期	SHH	TJ	SHJZH	TSH	QHD	SHZH	TJ	SHJZH	TSH	QHD	BJ	NJ	HZH	NB	WX	YZH	WZH	JH
动态条件相关系数	全样本期	1	0.623	0.507	0.487	0.204	1	0.211	0.224	0.107	−0.09	1	0.608	0.224	0.105	0.388	0.275	−0.1	0.105
	2005/08—2007/12	1	0.623	0.507	0.484	0.202	1	0.211	0.224	0.107	−0.09	1	0.595	0.22	0.108	0.382	0.244	−0.1	0.161
	2008/01—2009/12	1	0.622	0.506	0.487	0.203	1	0.211	0.224	0.108	−0.09	1	0.589	0.229	0.105	0.389	0.251	−0.1	0.106
	2010/01—2011/01	1	0.621	0.504	0.486	0.201	1	0.211	0.224	0.107	−0.09	1	0.569	0.216	0.193	0.386	0.247	−0.1	0.199
	2011/02—2016/6	1	0.624	0.509	0.459	0.208	1	0.211	0.224	0.107	−0.09	1	0.612	0.227	0.112	0.392	0.255	−0.1	0.106
动态条件方差	全样本期	2×10^{-4}	9×10^{-5}	3×10^{-4}	2×10^{-4}	3×10^{-5}	2×10^{-4}	1×10^{-4}	4×10^{-4}	2×10^{-4}	4×10^{-5}	2×10^{-4}	9×10^{-5}	1×10^{-4}	5×10^{-5}	3×10^{-5}	3×10^{-5}	2×10^{-4}	1×10^{-4}
	2005/08－2007/12	1×10^{-4}	2×10^{-5}	1×10^{-4}	2×10^{-4}	3×10^{-5}	1×10^{-4}	2×10^{-5}	2×10^{-4}	2×10^{-4}	4×10^{-5}	1×10^{-4}	6×10^{-5}	7×10^{-5}	2×10^{-5}	3×10^{-5}	2×10^{-5}	1×10^{-4}	3×10^{-5}
	2008/01－2009/12	1×10^{-4}	5×10^{-5}	2×10^{-4}	2×10^{-4}	3×10^{-5}	1×10^{-4}	6×10^{-5}	2×10^{-4}	2×10^{-4}	4×10^{-5}	1×10^{-4}	9×10^{-5}	9×10^{-5}	5×10^{-5}	3×10^{-5}	3×10^{-5}	2×10^{-4}	8×10^{-5}
	2010/01－2011/01	2×10^{-4}	1×10^{-4}	3×10^{-4}	9×10^{-5}	3×10^{-5}	1×10^{-4}	1×10^{-4}	3×10^{-4}	1×10^{-4}	4×10^{-5}	1×10^{-4}	7×10^{-5}	1×10^{-4}	5×10^{-5}	3×10^{-5}	3×10^{-5}	4×10^{-4}	1×10^{-4}
	2011/02－2016/6	3×10^{-4}	2×10^{-4}	5×10^{-4}	3×10^{-4}	3×10^{-5}	2×10^{-4}	2×10^{-4}	6×10^{-4}	3×10^{-4}	4×10^{-5}	3×10^{-4}	1×10^{-4}	1×10^{-4}	6×10^{-5}	3×10^{-5}	3×10^{-5}	2×10^{-4}	2×10^{-4}

指标	区域	长三角参照组(2)—深圳替换上海								珠三角—北京替换广州			珠三角—上海替换深圳		
	样本期	SHZH	NJ	HZH	NB	WX	YZH	WZH	JH	BJ	SHZH	HUZH	SHH	GZH	HUZH
动态条件相关系数	全样本期	1	0.199	0.077	−0.012	0.184	0.051	−0.17	−0.07	1	0.226	0.104	1	0.222	0.116
	2005/08—2007/12	1	0.212	0.09	−0.021	0.16	0.087	−0.18	−0.05	1	0.241	0.107	1	0.267	0.154
	2008/01—2009/12	1	0.21	0.082	0.064	0.217	0.062	−0.16	−0.04	1	0.229	0.105	1	0.283	0.133
	2010/01—2011/01	1	0.146	0.067	0.009	0.184	0.043	−0.16	−0.1	1	0.201	0.107	1	0.224	0.133
	2011/02—2016/6	1	0.222	0.074	−0.06	0.174	0.033	−0.19	−0.09	1	0.281	0.107	1	0.253	0.123
动态条件方差	全样本期	1×10^{-4}	9×10^{-5}	1×10^{-4}	5×10^{-5}	3×10^{-5}	3×10^{-5}	2×10^{-4}	1×10^{-4}	2×10^{-4}	2×10^{-4}	9×10^{-5}	7×10^{-5}	2×10^{-4}	9×10^{-5}
	2005/08－2007/12	1×10^{-4}	6×10^{-5}	7×10^{-5}	2×10^{-5}	3×10^{-5}	2×10^{-5}	1×10^{-4}	3×10^{-5}	1×10^{-4}	1×10^{-4}	6×10^{-5}	3×10^{-5}	1×10^{-4}	7×10^{-5}
	2008/01－2009/12	1×10^{-4}	9×10^{-5}	9×10^{-5}	5×10^{-5}	3×10^{-5}	3×10^{-5}	2×10^{-4}	8×10^{-5}	1×10^{-4}	2×10^{-4}	1×10^{-4}	3×10^{-5}	3×10^{-4}	9×10^{-5}
	2010/01－2011/01	1×10^{-4}	7×10^{-5}	1×10^{-4}	5×10^{-5}	3×10^{-5}	3×10^{-5}	4×10^{-4}	1×10^{-4}	2×10^{-4}	1×10^{-4}	1×10^{-4}	3×10^{-5}	1×10^{-4}	9×10^{-5}
	2011/02－2016/6	2×10^{-4}	1×10^{-4}	1×10^{-4}	6×10^{-5}	3×10^{-5}	3×10^{-5}	2×10^{-4}	2×10^{-4}	3×10^{-4}	2×10^{-4}	1×10^{-4}	1×10^{-4}	2×10^{-4}	9×10^{-5}

替换非核心城市后参照组城市商品住宅收益率动态条件相关系数和动态条件方差分时段均值统计表　　表5-6

指标	区　域	京津冀参照组—添加济南、锦州			长三角参照组—添加合肥、蚌埠和徐州				珠三角参照组—添加韶关、湛江		
	样本期	BJ	JN	JZH	SHH	HF	BB	XZH	GZH	SHG	ZHJ
动态条件相关系数	全样本期	1	0.452	0.078	1	0.524	0.223	0.268	1	0.218	0.103
	2005/08—2007/12	1	0.444	0.075	1	0.523	0.220	0.266	1	0.220	0.102
	2008/01—2009/12	1	0.450	0.080	1	0.524	0.221	0.266	1	0.219	0.102
	2010/01—2011/01	1	0.453	0.077	1	0.525	0.224	0.268	1	0.217	0.104
	2011/02—2016/6	1	0.454	0.079	1	0.525	0.224	0.267	1	0.217	0.105
动态条件方差	全样本期	2×10^{-4}	7×10^{-5}	3×10^{-5}	2×10^{-4}	2×10^{-5}	1×10^{-5}	2×10^{-5}	2×10^{-4}	3×10^{-5}	2×10^{-5}
	2005/08—2007/12	1×10^{-4}	3×10^{-5}	2×10^{-5}	1×10^{-4}	2×10^{-5}	1×10^{-5}	1×10^{-5}	1×10^{-4}	2×10^{-5}	1×10^{-5}
	2008/01—2009/12	1×10^{-4}	4×10^{-5}	2×10^{-5}	1×10^{-4}	2×10^{-5}	1×10^{-5}	2×10^{-5}	1×10^{-4}	3×10^{-5}	2×10^{-5}
	2010/01—2011/01	2×10^{-4}	1×10^{-4}	3×10^{-5}	1×10^{-4}	2×10^{-5}	1×10^{-5}	2×10^{-5}	1×10^{-4}	3×10^{-5}	2×10^{-5}
	2011/02—2016/6	3×10^{-4}	1×10^{-4}	4×10^{-5}	2×10^{-4}	2×10^{-5}	1×10^{-5}	3×10^{-5}	3×10^{-4}	3×10^{-5}	2×10^{-5}

注：表中分别用符号JN、JZH、HF、BB、XZH、SHG、ZHJ标注济南、锦州、合肥、蚌埠、徐州、韶关和湛江，其他城市标注方法与前表相同。

考虑到研究期内样本的可获得性，分别将同期济南（省会城市，政治经济地位与石家庄类似）和锦州（沿海城市，与秦皇岛地位类似）替换京津冀城市群的石家庄和秦皇岛；分别将同期合肥（省会城市，政治经济地位与南京类似）、蚌埠和徐州替换长三角城市群的南京、无锡和金华；将同期湛江和韶关替换珠三角城市群的惠州，构建3个新的参照组。根据相应的价格指数和收益率序列，计算动态条件相关系数与动态条件方差。

动态条件相关系数和方差的相应结果见表5-6。整体来看，两个指标依然保持了波动起伏的时变性特征。与原城市相比，新加入的城市与各核心城市之间的动态条件相关系数在各时期均呈下降态势。从动态条件相关系数来看，对京津冀城市群参照组而言，北京与济南小于北京与天津、石家庄，甚至也小于北京与唐山；北京与锦州则远小于北京与唐山、秦皇岛；对长三角城市群参照组而言，上海与合肥小于上海与杭州、南京，上海与徐州、蚌埠则远小于上海与无锡和金华等城市；对珠三角城市群参照组而言，广州与韶关和湛江的动态条件相关系数小于深圳与广州。

5.7 本章小结

本章以2005年8月至2016年6月间我国三个典型城市群部分城市（京津冀城市群5个城市、长三角城市群8个城市和珠三角城市群3个城市）的商品住宅价格为研究对象，建立DCC-MGARCH模型计算上述城市的商品住宅收益率的动态条件相关系数和动态条件方差，研究了城市间商品住宅的波动性外溢效应，主要得出如下结论：

（1）样本期间，住宅收益率动态条件相关系数与动态条件方差呈现时变波动特征，三个城市群商品住宅市场的分异性程度差异较大，其中京津冀城市群5个城市间分异性最大，长三角8个城市次之，珠三角3个城市最小。

（2）在三个城市群内，均呈现经济发展水平较高城市之间（主要指一线城市与省会城市间）的商品住宅收益率动态条件相关系数更大的特征。在波动性上城市间表现出明显的城市群核心城市交替领先现象。

（3）“限购令”政策的实施对三个城市群造成的影响各异。短期来看，这一政策在三个城市群内基本都达到了预期的目标（仅温州出现违背预期的情况），即减缓了价格城市间的波动性外溢。而长期来看，该政策仅在一定程度上减缓了上海对杭州、温州和金华之间的波动性外溢，而北京对京津冀城市群其他4个城市、深圳对珠三角城市群其他2个城市的波动性外溢影响并不明显。

(4)调整城市群部分城市构建9个参照组对照分析,发现无论互换3个城市群的核心城市还是替换部分非核心城市,与原始城市群相比,各参照组的动态条件相关系数和方差均呈现下降趋势,且动态条件相关系数下降程度更为显著。

第6章　城市群商品住宅价格空间互动的影响因素研究——来自时变空间权重矩阵动态空间面板的证据

本章分别从宏观和微观两个层面构建城市群商品住宅价格的影响因素理论框架:首先,宏观层面,从经典的一般均衡理论出发,将影响商品住宅价格城市间互动的土地、货币、居民可支配收入、城市公共服务以及城市人口等变量纳入分析框架,构建了价格互动影响的理论模型;其次,微观层面,从住宅购买者的家庭财富最优化问题出发,求解蕴含媒体情绪(Media Sentiment)变量的购房者家庭财富最大化决策问题,从理论上探讨媒体情绪对商品住宅价格的影响关系。

在以上分析的基础上,利用空间计量经济理论刻画城市间客观存在的相互依赖关系,构建了时变空间权重矩阵动态空间面板数据(TVSWM-DSPD)的实证模型,分别对我国三个典型城市群商品住宅价格城市间互动的影响因素进行了实证分析。

本章共分为如下几部分:第1节,背景与相关研究综述;第2节,城市群商品住宅价格城市间互动影响因素的理论模型;第3节,城市群区域内商品住宅价格城市间互动影响因素的实证模型;第4节,实证研究;第5节,结果与讨论;第6节,本章小结。

6.1　背景与相关研究综述

6.1.1　背景

长期以来关于住宅价格空间互动的研究均以"波纹效应"理论为基石,主要探讨了世界各地区价格空间互动关系的存在性,而关于哪些因素引发了住宅价格空间互动的理论机理的探讨较为欠缺。在研究方法上,文献中多基于时间序列方法建立模型,没有走出从价格到价格(滞后项)的思路,无法将影响价格互动的宏微观经济变量、购房者的情绪以及住宅市场之间的空间距离等因素纳入模型。

空间计量经济理论的产生和发展是计量经济理论的重大飞跃，学者们逐渐意识到这一理论能弥补现有时间序列理论的不足，能更为贴切地刻画不同区域经济变量之间的互动关系，在商品住宅价格区域间互动性问题的研究中有着较大的优势。

此外，改革开放至今，我国经济长期处于发展的快车道，城市以及城市群经济发展迅猛，在政府的积极促动下，城市之间的经济往来与合作关系几乎每年都发生明显的变化，特别是在经济活动最为活跃的三个典型城市群区域内，变量表现出显著的时变性(Time-Varying)特征。本书认为只有充分考虑经济现实的时变性特征，才能较为全面和精细地把握商品住宅价格区域互动的真正驱动因素。

6.1.2 相关研究综述

早期英国学者研究伦敦地区不同城市间住宅价格的领先滞后关系，提出了住宅价格空间联动的“波纹效应”理论。Meen(1999)并分析和总结了价格互动的影响因素：人口迁移、空间套利、价格领先/滞后变化等。随着空间计量经济理论的发展，Clapp 和 Tirtiroglu(1994)，Pollakowski 和 Ray(1997)先后把空间效应引入模型，研究了美国地理接近的几个州之间的房价互动性。Holly(2011)基于空间误差模型，建立时空模型，研究了美国各地房价的空间相关性。Bing Zhu 等(2013)年利用动态空间面板(DSP-GARCH)模型，研究了美国 19 个区域间的房价波动溢出问题。

我国学者利用空间计量经济理论和模型对房价空间相关性这一主题也进行了大量研究，代表性的工作主要包括：温海珍和张之礼(2011)选取杭州市住宅的微观数据，建立空间计量模型，研究了住宅价格的空间效应，认为空间计量模型的估计结果优于传统模型。陈浪南和王鹤(2012)探讨了广义空间动态面板数据模型的估计方法，并选取我国省级数据，分析了房地产价格的区域互动关系，证实了价格的空间和时间滞后效应的存在以及价格传导的经济途径与地理途径。赵华平和张所地(2013)利用我国 31 个大中城市的数据，构建了影响商品住宅价格的宜居性指标，分别构建静态和动态空间面板模型，证实了城市之间存在着显著的正向空间相关性。

上述研究中，学者们刻画空间依赖关系时几乎都使用了恒定不变的空间权重矩阵，忽略了权重矩阵的时变性问题。而根据 Lee(2012)的研究，当空间权重矩阵的时变特征较为明显时，对模型参数估计会产生显著影响。此外，现有研究中学者们较多地采用了年度数据，难以及时和精确地体现经济现实的时变性特征。鉴于此，本书在前人研究的基础上建立模型，尝试利用季度数据，对影响城市商品住宅价格空间互动的因素进行更为精细的研究。

6.2 商品住宅价格城市间互动影响因素理论模型

由于影响商品住宅价格城市间互动的因素较为复杂，长期以来，关于此问题的讨论并未达成共识。现有的研究中，学者多囿于数据获得性问题，所建立的理论模型多偏向宏观层面。在大数据背景下，媒体情绪等微观因素能影响住宅购买者的决策行为，已逐渐受到学者们的关注。本章分别从城市层面构建影响商品住宅价格城市间互动的一般均衡理论模型，以及从购房者层面将媒体情绪纳入购房者财富最大化的决策问题，希望对商品住宅价格城市间互动的理论有较为全面的把握。

6.2.1 基于一般均衡理论的互动影响因素模型

(1)城市商品住宅的总供给方程

借鉴 Beckmann(1973)的研究框架，假设区域城市经济中只存在住宅市场、土地市场和资本市场，且在研究期间内，城市用于商品住宅开发的土地供应总量保持为 $\bar{L}$ 恒定不变。假设商品住宅的供给可以由房地产开发商 K 利用土地和资本，通过 C-D 生产函数提供。那么，城市的商品住宅生产函数可以由下式所给出：

$$Q_j = A \cdot C_j^{\beta} \cdot L_j^{1-\beta} \qquad (\text{其中} A > 0, 0 < \beta < 1) \tag{6-1}$$

式中：Q_j——开发商 j 生产的商品住宅数量，分别用符号 L 和 C 表示土地与资本。

A——开发商生产商品住宅的技术水平，并假定经济中开发商数量较多，形成了完全竞争的市场，他们生产住宅的技术水平 A 保持恒定不变。开发商 K_j 获取资本 C_j 的利率均为 r，获取土地 L_j 的价格为 P_l，也保持恒定。由此，可以推导开发商 K_j 所提供的商品住宅是同质的。

对开发商 j 而言，经营的目的是追求利润最大化，其利润函数可由下式表示：

$$\pi_j = P_h \cdot A \cdot C_j^{\beta} \cdot L_j^{1-\beta} - (1+r) \cdot C_j - P_j \cdot L_j \tag{6-2}$$

由一阶条件可以得到：

$$\begin{cases} \dfrac{\partial \pi_j}{\partial C_j} = AP_h \beta C_j^{\beta-1} L_j^{1-\beta} - (1+r) = 0 \\ \dfrac{\partial \pi_j}{\partial L_j} = AP_h (1-\beta) C_j^{\beta} L_j^{-\beta} - P_l = 0 \end{cases} \tag{6-3}$$

化简式(6-3)可以得到:

$$\begin{cases} C_j^* = \left(\dfrac{\beta AP_h}{1+r}\right)^{\frac{1}{1-\beta}} \cdot L_j \\ L_j^* = \left[\dfrac{A(1-\beta)P_h}{P_l}\right]^{\frac{1}{\beta}} \cdot C_j \end{cases} \tag{6-4}$$

将 $C_j^* = \left(\dfrac{\beta AP_h}{1+r}\right)^{\frac{1}{1-\beta}} \cdot L_j$ 代入 C-D 生产函数并求和加总,可以求出城市经济中商品住宅的总供给方程,如下式所示:

$$Q = \sum_{j=1}^{n} A(C_j^*)^{\beta}(L_j)^{1-\beta} = A^{\frac{1}{1-\beta}}\left[\frac{\beta P_h}{(1+r)}\right]^{\frac{\beta}{1-\beta}} \bar{L} \tag{6-5}$$

对上式两边取对数,即可得到:

$$\ln Q = \frac{1}{1-\beta}\ln A + \frac{\beta}{1-\beta}\ln\beta + \frac{\beta}{1-\beta}\ln P_h - \frac{\beta}{1-\beta}\ln(1+r) + \ln \bar{L} \tag{6-6}$$

从式(6-6)可以看出,经济中城市商品住宅的总供给与住宅价格、土地供应总量呈正向关系,而与获得资本的利率呈负向关系,符合经济发展的现实。

(2)城市商品住宅的总需求方程

关于影响城市商品住宅价格区域互动的总需求因素,本书遵循 Beckmann 的建议,主要选择四个方面的变量:城市的人均可支配收入水平、城市的常住人口数、城市的公共服务水平及城市的商品住宅价格水平。

需要特别说明城市公共服务水平对城市商品住宅总需求的影响。由于城市的公共服务设施具有显著的外部性特征,而在城市群区域较为紧密的城市联合体系内,影响各个节点城市商品住宅需求的众多因素中,存在不可忽视的 Tiebout 效应。即在城市间人口迁移成本为零的假设下,理性的经济人将选择更能满足自身公共服务偏好的城市购房和定居,一旦城市经济中所有购房者均做出类似的决策,基于城市公共服务供给的差异和外部性特征,人们对优质公共服务水平的竞争将导致人口的流动和集中,进而导致企业的迁移,住房需求和住房价格也随之产生变化,最终形成均衡的工资水平和住房价格。此时,公共服务投资水平将被资本化到住宅价格当中,形成了 Tiebout 效应,也被学者们称为公共服务供给水平的 Tiebout 资本化过程。

选择对数需求函数表示城市商品住宅的总需求，如下式所示：

$$\ln Q = \alpha_1 \ln I + \alpha_2 \ln R + \alpha_3 \ln W - \alpha_4 \ln P_h \tag{6-7}$$

式中，Q 表示城市商品住宅的总需求量；I 表示城市的人均可支配收入；R 表示城市的总常住人口；W 表示城市的公共服务水平；P_h 表示城市商品住宅的价格；α_i 表示城市商品住宅需求影响因素所占的权重，$\alpha_i > 0, i = 1,2,3,4$。

由方程形式可以看出，城市商品住宅的总供给分别与城市的人均可支配收入、城市的总人口和城市的公共服务水平呈正向变动关系，与城市的商品住宅价格呈负向变动关系。

(3)市场出清

当城市商品住宅的总供给与总需求相等时，形成均衡的价格，此时：

$$\begin{aligned}&\frac{1}{1-\beta}\ln A + \frac{\beta}{1-\beta}\ln\beta + \frac{\beta}{1-\beta}\ln P_h - \frac{\beta}{1-\beta}\ln(1+r) + \ln \bar{L}\\&= \alpha_1 \ln I + \alpha_2 \ln R + \alpha_3 \ln W - \alpha_4 \ln P_h\end{aligned} \tag{6-8}$$

整理式(8)即得：

$$\ln P_h = -\lambda\delta + \lambda\alpha_1 \ln I + \lambda\alpha_2 \ln R + \lambda\alpha_3 \ln W_h + \frac{\lambda\beta}{1-\beta}\ln(1+r) - \lambda \ln \bar{L} \tag{6-9}$$

式中：$\lambda = \dfrac{1-\beta}{\beta + \alpha_4(1-\beta)}$；

$\delta = \dfrac{1}{1-\beta}\ln A + \dfrac{\beta}{1-\beta}\ln\beta$。

由前文已知条件 $0 < \beta < 1$，则 $1-\beta > 0$，$\dfrac{1}{1-\beta} > 0$，又 $\alpha_4 > 0$，$A > 0$，则 $\lambda > 0$，$\delta > 0$。而 $\alpha_1 > 0$，$\alpha_2 > 0$，$\alpha_3 > 0$，那么，$\lambda\alpha_1 > 0$，$\lambda\alpha_2 > 0$，$\lambda\alpha_3 > 0$，且 $\dfrac{\lambda\beta}{1-\beta} > 0$。

(4)比较静态分析

对商品住宅价格均衡方程进行全微分，可以得到：

$$\Delta\ln P_h = -\lambda\delta + \lambda\alpha_1 \Delta\ln I + \lambda\alpha_2 \Delta\ln R + \lambda\alpha_3 \Delta\ln W_h + \frac{\lambda\beta}{1-\beta}\Delta\ln(1+r) - \lambda\Delta\ln \bar{L} \tag{6-10}$$

由式(6-10)可知，城市商品住宅价格的增长率与城市居民人均可支配收入增长率、城市常住人口增长率、城市的公共服务水平增长率以及资本利率成正比，而与城市土地供应增长率成反比。

6.2.2 蕴含媒体情绪的住宅价格影响因素模型

(1)媒体情绪与住宅市场

Keynes(1936)、Shiller(1990)等学者先后认为,投资者的心理因素对资产价格变化有着重要的影响。行为金融理论认为住宅购买者的决策易受到其所处环境的舆论因素影响,产生非理性购买行为,如"买涨不买跌""羊群效应"等。Shiller(2005)在《非理性繁荣》中提到,各种媒体为了自身的生存、发展和壮大,会有针对性地发表一些观点,以取悦于消费者的偏好而获得更多的读者群体。而消费者在阅读媒体发布的各种资料时,如果其中阐述的观点与自己主观意识较为接近时,往往会刺激其购买行为。

在互联网高速发展和大规模普及的背景下,网络新闻、论坛、博客、微博和微信等各类社交媒体得到创新和发展,其承载和传递信息的速度与广度超出以往任何媒体,人们的消费行为和购买决策越来越受到以互联网为载体的各类媒体的深刻影响(Wu,2013)。住宅购买决策往往涉及家庭大量的财富支配,且住宅市场上缺少像股票市场那样大量的机构投资者,购买者是缺乏经验的(Un-sophisticated),在购买之前往往会通过互联网来检索相关的媒体资料,且容易受到媒体所持观点的影响(Soo,2014)。此外,来自美国加利福尼亚州住宅协会(California Association of Realtors)2008 年开展的调查表明,63% 的美国住房购买者通过互联网搜索找到其购买目标(Appleton-Young,2008)。而美国国家住宅协会(National Association of Realtor)发布的《2012 年住宅购买和销售报告》显示,90% 的住宅购买者通过互联网寻找过购买对象(NAR,2012)。来自 2013 年的一项研究成果表明,在美国每季度平均而言,关于住宅的互联网检索频率每提高 1%,则住宅销售增加 3520 套。

(2)住宅购买者财富最大化问题

为了运用规范的符号描述住宅购买者的财富最大化问题,需要提前设立如下假设条件:

①假设经济中存在两类截然不同的住宅购买者,即完全理性的购买者和非理性的购买者,后者对媒体情绪有积极的回应,前者则不然。且假设非理性购买者的比例为 ϕ,完全理性购买者为 $1-\phi$,这里 $\phi \in [0,1]$。

②所有购买者均有常数绝对风险厌恶系数 $\bar{\omega}$。

③仅考虑购买者在无风险资产和住宅购买之间的决策问题,而忽略购买者的其他决策。

如果把住宅购买行为看作购买者家庭分配风险资产的过程,那么对理性购买者而言，其家庭财富最优决策问题可以用下述最大化期望效用函数来描述：

$$\max E(-e^{-2\bar{\omega}W_{t+1}}) \tag{6-11}$$

$$\text{s.t. } W_{t+1} = W_t(1+r_f) + H_t(P_{t+1} + Y_{t+1} - P_t\delta_t) \tag{6-12}$$

式中：W_t——t 时刻住房购买者家庭的财富数量；

r_f——无风险利率，且 $r_f>0$；

H_t——购买者 t 时刻的住宅购买量；

P_t——t 时刻的住宅价格；

Y_{t+1}——$t+1$ 时刻住宅的分红，通过消费住宅商品而获得；

δ_t——住宅 t 时刻的折旧率。

求解上述最优化问题，可以得到期望效用最大时的住宅需求量：

$$H_t = \frac{EP_{t+1} + Y_{t+1} - P_t\delta_t}{2\bar{\omega}E\sigma^2_{P_{t+1}}} \tag{6-13}$$

令 $\rho = \dfrac{EP_{t+1} + Y_{t+1}}{2\bar{\omega}E\sigma^2_{P_{t+1}}}$，$\lambda = \dfrac{\delta_t}{2\bar{\omega}E\sigma^2_{P_{t+1}}}$，则上式可以进一步简化为：

$$H_t = \rho - \lambda P_t \tag{6-14}$$

进一步假定，非理性的购买者相对于理性的购买者往往高估期望价格，因此，可以在上式中加上非负参数 φ 来表示，φ 则可解释为情绪水平。这样，相对理性购买者，非理性的购买者的需求曲线可以表示为：

$$H'_t = \rho - \lambda P_t + \varphi \tag{6-15}$$

在前文设定的假定条件之下，媒体情绪 M_t 可以用非理性购买者 ϕ_t 与其情绪水平 φ 的乘积表示，即 $M_t = \phi_t\varphi$。

(3)均衡价格

当供给需求相等时取得均衡价格，如果用 Q_t 表示市场中的住宅供给量，可以得到：

$$(1-\phi_t)(\rho - \lambda P_t) + \phi_t(\rho - \lambda P_t + \varphi) = Q_t \tag{6-16}$$

整理后即得：

$$P_t = \frac{\rho + \phi\varphi - Q_t}{\lambda} \tag{6-17}$$

由前文假定条件 $\phi\varphi$ 系数 $\dfrac{1}{\lambda}>0$ 可知，式(6-17)中均衡的商品住宅价格与媒体情绪呈正向变动关系。

6.3　商品住宅价格城市间互动影响因素的实证模型

6.3.1　TVSWM-DSPD 模型及参数估计

(1)TVSWM-DSPD 模型的形式

根据 Lee(2012)的研究成果,时变空间权重矩阵的动态空间面板数据模型(TVSWM-DSPD)用数学语言表示则为如下形式:

$$Y_{nt} = \lambda_0 W_{nt} Y_{nt} + \gamma_0 Y_{n,t-1} + \rho_0 W_{n,t-1} Y_{n,t-1} + X_{nt}\beta_0 + \zeta_{no} + \alpha_{to} l_n + V_{nt} \quad (t = 1,2,\cdots,T) \tag{6-18}$$

为了便于后文参数估计和变量的边际效应分析,需对部分参数施加必要的假设条件。式中,$Y_{nt} = (y_{1t}, y_{2t}, ..., y_{nt})'$表示 $n\times1$ 列向量,为模型的被解释变量;$V_{nt} = (v_{1t}, v_{2t}, ..., v_{nt})'$是 $n\times1$ 扰动项列向量,它们独立同分布且具有 0 均值和同方差 σ_0^2;X_{nt}是 $n\times k_x$ 阶矩阵,表示时变非随机的解释变量;ζ_{no}是代表个体效应的 $n\times1$ 列向量;α_{to}表示固定效应列向量 α_{To}的第 t 个元素;l_n 表示 $n\times1$ 的元素为 1 的列向量。

假定 $Y_{n0} = (y_{10}, y_{20}, ..., y_{n0})'$是已知的,空间权重矩阵 W_{nt}是非随机的外生变量,具有时变性。时变空间权重矩阵具体形式的设定,后文中会进一步仔细说明。在将 W_{nt}带入模型之前,还需要逐期进行标准化处理。

(2)TVSWM-DSPD 模型的参数估计

关于时变空间权重矩阵动态空间面板数据模型参数估计的研究,文献并不多见,Lee(2012)给出了模型的伪极大似然估计(Quasi-Maximum Likelihood Estimation),欧变玲(2014,2015)先后对时变空间权重矩阵的空间效应的检验方法进行了研究。

根据 Lee(2012)的建议,可令 $S_{nt}(\lambda) = I_n - \lambda W_{nt}$,那么式(6-18)可以简化成:

$$Y_{nt} = A_{nt} Y_{n,t-1} + S_{nt}^{-1}(X_{nt}\beta_0 + \zeta_{n0} + \alpha_{t0} l_n + V_{nt}) \tag{6-19}$$

式中:$A_{nt} = S_{nt}^{-1}(\gamma_0 l_n + \rho_0 W_{n,t-1})$。

用 $\overline{\omega}_{nt}$表示 W_{nt}的特征根矩阵,这里 $\overline{\omega}_{nt}$是对角矩阵。令($F_{n,n-1}, l_n/n^{1/2}$)为 $J_n = I_n - (1/n) l_n l'_n$ 的特征向量的正交矩阵,这里 $F_{n,n-1}$表示为 1 的特征值,$l_n/n^{1/2}$表示为 0 的特征值。

令 $Y_{nt}^* = F'_{n,n-1} Y_{nt}$,其他变量保持不变,则式(6-18)可以转化成:

$$Y_{nt}^{*} = \lambda_0 W_{nt}^{*} Y_{nt}^{*} + \gamma_0 Y_{n,t-1}^{*} + \rho_0 W_{n,t-1}^{*} Y_{n,t-1}^{*} + X_{nt}^{*}\beta_0 + \zeta_{n0}^{*} + V_{nt}^{*} \tag{6-20}$$

其中，$W_{nt}^{*} = F'_{n,n-1} W_n F_{n,n-1}$，$X_{nt}^{*} = F'_{n,n-1} X_{nt}$，$\zeta_{n0}^{*} = F'_{n,n-1}\zeta_{n0}$，$V_{nt}^{*} = F'_{n,n-1} V_{nt}$。

V_{nt}^{*} 是$(n-1)$维的扰动项向量，具有零均值和同方差矩阵 $\sigma_0^2 I_{n-1}$。

令 $Z_{nt} = [Y_{n,t-1}, W_{n,t-1}Y_{n,t-1}, X_{nt}]$，那么 $S_{nt}Y_{nt} = Z_{nt}\delta_0 + \zeta_{n0} + \alpha_{t0} l_n + V_{nt}$，则式(6-20)的对数似然函数为：

$$\ln L_{n,T}(\theta,\zeta_n^{*}) = -\frac{(n-1)T}{2}\ln 2\pi - \frac{(n-1)T}{2}\ln\sigma^2 + \sum_{t=1}^{T}\ln|I_{n-1} - \lambda W_{nt}^{*}| - \frac{1}{2\sigma^2}\sum_{t=1}^{T} V_{nt}^{*\prime}(\theta) V_{nt}^{*}(\theta) \tag{6-21}$$

式中：$V_{nt}^{*}(\theta) = (I_{n-1} - \lambda W_{nt}^{*}) Y_{nt}^{*} - Z_{nt}^{*}\delta - \zeta_n^{*}$；

$Z_{nt}^{*} = F'_{n,n-1} Z_{nt}$。

又由于：$|I_{n-1} - \lambda W_{nt}^{*}| = \left[\frac{1}{(1-\lambda)}\right]|I_n - \lambda W_{nt}|$，$(I_{n-1} - \lambda W_{nt}^{*})^{-1} = F'_{n,n-1}(I_n - \lambda W_{nt})^{-1} F_{n,n-1}$

$V_{nt}^{*\prime}(\theta) V_{nt}^{*}(\theta) = V'_{nt}(\theta) J_n V_{nt}(\theta)$，其中，$V_{nt}(\theta) = (I_n - \lambda W_{nt}) Y_{nt} - Z_{n,t}\delta - \zeta_n$

上述对数似然函数可以简化成如下形式：

$$\ln L_{n,T}(\theta,\zeta_n) = -\frac{(n-1)T}{2}\ln 2\pi - \frac{(n-1)T}{2}\ln\sigma^2 - T\ln(1-\lambda) + \sum_{t=1}^{T}\ln|S_{nt}(\lambda)| - \frac{1}{2\sigma^2}\sum_{t=1}^{T} V'_{nt}(\theta) V_{nt}(\theta) \tag{6-22}$$

通过一阶条件，可以从式(6-22)中计算出 ζ_n^{*}。

令：$\tilde{Y}_{n,t-1} = Y_{n,t-1} - \frac{1}{T}\sum_{t=1}^{T} Y_{n,t-1}$，$\widetilde{W_{n,t-1}Y_{n,t-1}} = W_{n,t-1}Y_{n,t-1} - \frac{1}{T}\sum_{t=1}^{T} W_{n,t-1}Y_{n,t-1}$

以及 $\tilde{X}_{nt} = X_{nt} - \frac{1}{T}\sum_{t=1}^{T} X_{n,t-1}$。

可得到 $\tilde{Z}_{nt} = (\tilde{Y}_{n,t-1}, \widetilde{W_{n,t-1}Y_{n,t-1}}, \tilde{X}_{nt})$。则式(6-22)可以变为：

$$\ln L_{n,T}(\theta,\zeta_n) = -\frac{(n-1)T}{2}\ln 2\pi - \frac{(n-1)T}{2}\ln\sigma^2 - T\ln(1-\lambda) + \sum_{t=1}^{T}\ln|S_{nt}(\lambda)| - \frac{1}{2\sigma^2}\sum_{t=1}^{T} \tilde{V}'_{nt}(\theta) J_n \tilde{V}_{nt}(\theta) \tag{6-23}$$

式中：$\tilde{V}'_{nt}(\theta) = \widetilde{S_{nt}(\lambda)Y_{nt}} - \tilde{Z}_{nt}\delta$；

$\widetilde{S_{nt}(\lambda)Y_{nt}} = S_{nt}(\lambda) - \frac{1}{T}\sum_{t=1}^{T} S_{nt}(\lambda) Y_{nt}$；

$J_n \tilde{V}_{nt}(\theta) = J_n[\widetilde{S_{nt}(\lambda)Y_{nt}} - \tilde{Z}_{nt}\delta - \tilde{\alpha}_t l_n]$。

(3)TVSWM-DSPD 模型变量的边际效应估计

得到模型参数估计后,还要通过边际分析来了解自变量对因变量产生的影响,这对实际经济分析和政策制定有着重要的意义。在时变空间权重动态空间面板模型背景下,变量的边际分析,也称作变量的空间溢出效应分析。由于时变空间权重动态空间面板模型中等式右边存在因变量的滞后项,故不能简单延续传统边际分析方法,而应该通过下式来进行:

$$E(Y_{nt}) = A_{nt}^{(t-T)} Y_{nT} + \sum_{h=0}^{t-T-1} A_{nt}^{(h)} S_{n,t-h}^{-1}(c_{n0} + X_{n,t-h}\beta_0) \quad (t > T) \quad (6\text{-}24)$$

式(6-24)中对 x 求偏导,且令$\frac{\partial W_{nt}}{\partial x}=0$,$\frac{\partial S_{nt}^{-1}}{\partial x}=0$,可得:

$$\frac{\partial E(Y_{nt})}{\partial x} = \beta_0 \sum_{h=t-t_2}^{t-t_1} A_{nt}^{(h)} S_{n,t-h}^{-1} l_n + \sum_{h=t-t_2}^{t-t_1} \left(\frac{\partial A_{nt}^{(h)}}{\partial x} S_{n,t-h}^{-1} + A_{nt}^{(h)} \frac{\partial S_{n,t-h}^{-1}}{\partial x} \right) \quad (6\text{-}25)$$

令 $\gamma_t(\theta_0, c_{n0}) = \frac{1}{n} l_n' \left[\frac{\partial E(Y_{nt})}{\partial x} \right]$,$l'_n$ 为 n 维取值为 1 的向量,Lee(2012)证明了 $\gamma_t(\theta_0, c_{n0})$依概率服从 $N(0,1)$分布。

根据 LeSage(2009),Elhorst(2010)和 Debarsy(2011)的定义,可以把式(6-25)中矩阵的对角线元素平均值定义为自变量对因变量的直接效应(Direct Effect),表示自变量的单位变化量对本地区因变量所产生的影响;而把其中非对角线元素平均值定义为自变量对因变量的间接效应(Indirect Effect),表示自变量的单位变化量对其他地区因变量所产生的影响。通过对变量的直接效应和间接效应分析,我们可以分析变量变化在城市群内所产生的空间溢出效应。

6.3.2　时变空间权重矩阵的设定

(1)空间权重矩阵

空间权重矩阵 W 是空间计量经济学区别于经典计量经济学的关键基石,正是通过这一矩阵才将变量的空间依赖关系便捷地引入传统计量经济模型。W 刻画了具有关联关系的空间实体之间相互依赖关系的密切程度,其元素通常在[0,1]区间取值。

空间计量经济学中对固定空间权重矩阵的设定方法,可根据研究的需要设定为实体间的空间距离、空间邻接关系以及经济关系等,相对较为成熟。且固定空间权重矩阵应遵循距离衰减(Distance Decay)的基本设置原则,即空间距离越近/经济关系越密切的观测点,相互之间空间关系越强,分配的权重就应该越大。学者们提出了两种设定固定空间权重矩阵的方法:空间邻接关系权重设定法和空间核衰减距离权重设定法。

实际应用中,第一种设定方法最为常见,其数学表达式为:

$$w_{ij} = w_{ji} = \begin{cases} 1 & (i \in \{j\}) \\ 0 & (i \notin \{j\}) \end{cases} \tag{6-26}$$

式中: w_{ij}、w_{ji}——空间权重矩阵 W 的元素;

i、$j(i,j=1,2,\cdots,N)$——处于不同空间节点的研究对象;

$\{j\}$——研究对象 i 邻近对象的集合。

每个研究对象 i 都有与其对应的邻近研究对象集合 $\{j\}$,当属于集合 $\{j\}$ 时,则 j 可判定为 i 的邻居,对应的空间权重矩阵 W 中的元素 w_{ij} 被赋值 1,否则被赋值 0。进入模型之前,还需要对 W 进行行标准化处理,此时空间权重矩阵将转化为非对称矩阵,但具有与对称矩阵相同的特征。

选择第二种权重方法时,设定矩阵元素应遵循的基本原则是,与被考察对象空间距离越近的点被赋予的空间权重越大。其数学表达形式为:

$$W = K - I_N \tag{6-27}$$

式中:K——考察对象之间空间距离的核函数矩阵;

I_N——单位对角矩阵。

核函数的构造形式有多种,常用的有指数核函数、高斯核函数和样条核函数等。

(2)时变空间权重矩阵的设定

关于时变空间权重矩阵 $W_{i,t}$ 的设定方法,文献中尚无学者予以探讨。本书综合城市经济学理论和空间计量经济理论,尝试将城市间作用强度与高斯核衰减函数相结合,来设定本书中的时变空间权重矩阵。

具体而言,城市群城市间的相互作用主要借助经济、交通和人口流动等媒介来完成,这与区域经济学中关于城市之间的相互作用强度的定义相契合。城市间相互作用强度可表示为:

$$E_{ij,t} = \frac{\sqrt{P_{i,t}V_{i,t} \cdot P_{j,t}V_{j,t}}}{R_{ij,t}^2} \tag{6-28}$$

式中:$E_{ij,t}$——t 时刻城市 i 和 j 之间的相互作用强度;

$P_{i,t}$、$P_{j,t}$——城市 i 和 j 的人口数;

$V_{i,t}$、$V_{j,t}$——城市 i 和 j 的经济规模;

$R_{ij,t}^2$——城市 i 和 j 之间的距离❶。

❶城市之间的距离,本书按照国家地理信息中心提供的定义,取城市行政几何重心之间的球面距离。

此外，为了能够满足空间权重矩阵 $W_{i,t}$ 元素取值在[0,1]之间的基本要求，还需通过衰减函数对 $E_{ij,t}$ 进行转化。本书选择高斯核函数空间距离衰减来完成上述处理。具体转化函数形式为：

$$w_t(x_i,x_j)=\begin{cases}\exp[-\|E_{ij,t}\|^2/(2\sigma^2)] & (i\neq j)\\ 0 & (i=j)\end{cases} \tag{6-29}$$

式中：$w_t(x_i,x_j)$——时变空间权重矩阵 $W_{i,t}$ 的元素；

$E_{ij,t}$——城市间的相互作用强度。

经过高斯核函数空间衰减处理后，$W_{i,t}$ 矩阵的元素将满足取值[0,1]之间的要求。对时变空间权重矩阵，还需要逐期行标准化处理，才能带入模型进行后续的空间效应检验和参数估计。

6.3.3 基于 TVSWM-DSPD 的实证模型的建立

在前文理论分析的基础上，运用空间计量经济理论构建时变空间权重的动态空间面板数据实证模型，可将城市群商品住宅价格的影响因素定义为：

$$I_{i,t}=W_{i,t}\cdot F_{i,t}(X_i) \tag{6-30}$$

式中：$I_{i,t}$——城市的商品住宅价格；

$W_{i,t}$——时变权重的空间权重矩阵，通过 $W_{i,t}$ 权重矩阵来刻画城市间商品住宅市场的空间连接关系；

X_i——前文理论分析中所涉及的影响住宅价格的土地、货币、人口、收入以及媒体情绪等因素。

具体到操作层面，考虑到样本的可获得性，通过城市的商品住宅价格指数来替代城市的商品住宅价格，城市的人均可支配收入作为代理变量刻画城市经济基本面；通过城市常住人口作为代理变量来刻画城市人口因素；通过后文构建的媒体情绪代理变量来刻画媒体情绪；通过城市年末金融机构的存款余额表示货币因素；通过土地价格指数表示土地因素；用城市财政收入在教育、科技和医疗方面的支出构建城市的公共服务水平指数，来表示公共服务因素。

结合前文关于 TVSWM-DSPD 模型的论述，可以将城市群城市间商品住宅价格互动性影响因素模型进一步改写为：

$$P_{i,t}=\lambda W_{i,t}P_{i,t}+\gamma P_{i,t-1}+\rho W_{i,t-1}P_{i,t-1}+\beta(r,p,f,m,l,w)+\zeta_{i0}+\alpha_{t0}l_i+V_{it} \tag{6-31}$$

式中： $P_{i,t}$——第 i 个城市 t 时刻的商品住宅价格指数；

$P_{i,t-1}$——第 i 个城市 $t-1$ 时刻的商品住宅价格指数；

$W_{i,t}$——第 i 个城市 t 时刻时变空间权重矩阵；

$W_{i,t-1}$——第 i 个城市 $t-1$ 时刻时变空间权重矩阵；

r、p、f、m、l、w——城市的人均可支配收入、城市常住人口、城市的金融机构存款余额、城市的媒体情绪指数、城市的土地价格指数和城市的公共服务指数；

ζ_{i0}——个体效应；

$\alpha_{t0}l_i$——时间效应；

V_{it}——模型的扰动项。

6.4 实证研究

6.4.1 基于开放数据的媒体情绪代理变量的构建

媒体情绪对资产价格的变化有着显著影响，但却难以直观量化，学者们努力寻找了一些指标作为其代理(Proxy)。早期的研究中，主要是通过统计特定纸质媒体上对设定词条(一般为金融资产价格的变化涨落)的新闻报道量来构建代理变量，分析其对资产价格的影响。近年来，学者们逐渐意识到媒体情绪对住宅购买决策也有着重要的影响，并将那些代理变量迁移至住宅市场，特别是在互联网快速发展和普及的背景下，基于互联网的开放数据(Open Data)产生了一些创新性的研究。如：Soo(2013)通过“Google 搜索”(Google Search)统计美国部分城市互联网上开放数据中，关于房价正向(Positve)与负向(Negative)变化的论调(Tone)来构建媒体情绪指标，研究其对房价变化的影响，发现在 2008 年美国金融危机前后，该指标能解释 70% 的房价变化，且对房价成交量变化的预测也有效(Robust)。Wu(2013) 对美国住房市场以“Google 搜索”为工具，面向互联网采集了美国城市的开放数据，构建了媒体情绪指标，相比政府发布的价格指数，该指标构造简便、廉价、及时且能随时便捷使用，对房价以及成交量的变化预测较为精确，特别是在敏感时期该指标对价格的变化有超前预测。王博永(2014)以“百度指数”为检索工具，采集了我国住房市场宏观调控的开放数据，构建了情绪指标并分析了住宅价格调控政策的运行效果。Zhen(2015)以我国 35 个大中城市住房市场为研究对象，基于“Google 搜索”采集开放数据构建了情绪指数，发现在其他条件不变时，该指数能较好地预测住房价格的增量。

本书通过谷歌(Google)搜索[1]，对广泛存在于互联网上的有关我国三个典型城市群城市商品住宅价格涨落情况的开放数据进行检索，并按照 Soo(2013)的方法构建了媒体情绪变量的代理指标。

具体而言，在“Google 搜索引擎”中，利用其高级搜索工具，设置复合关键词组合：{城市名称关键词} + {房价关键词} + {价格变化方向关键词} + {检索时期}进行检索，统计检索到的信息数量，经过数据清洗成为初级样本，备后文使用。

关于复合关键词组合需要进一步说明的是，{城市名称关键词}包含的内容为我国三个典型城市群的样本城市，京津冀城市群有 5 个城市，分别为{北京，天津，石家庄，唐山，秦皇岛}；长三角城市群有 8 个城市，分别为{上海，南京，杭州，宁波，扬州，温州，无锡，金华}；珠三角城市群有 3 个城市，分别为{广州，深圳，惠州}。

{房价关键词}的选择和确定，遵循尽可能全面包含与房价相关的近义词的原则，主要选择：“商品房价格”“商品住宅价格”“商品住房价格”，共计 3 个关键词。

{价格变化方向关键词}选择了价格上涨和下跌两个相反方向的关键词，其中“上涨”方向，选择了“涨”“升”“增长”“上扬”和“上行”等意义相近的关键词；“下跌”方向选择了“跌”“降”“落”“下行”和“下挫”等意义相近的关键词。

{检索时期}设定为 2005:Q3—2014:Q4。

分城市将检索到的网页信息条数按照“上涨”和“下跌”方向分别进行分类汇总，如果将某时刻某城市的上涨和下跌的网络信息数量分别记为 N_{nt}^{up} 和 N_{nt}^{down}，且根据经济现实可以进一步假定：$N_{nt}^{up} \geqslant 0, N_{nt}^{down} \geqslant 0$。

借鉴 Soo(2013)、Zhen(2015)提供的方法，将媒体情绪的代理变量构建为：

[1] 谷歌搜索引擎是全球最为知名的专业搜索引擎之一，基于其研究成果广泛分布于国内外文献当中。2012 年 12 月 12 日谷歌关闭了在中国内地市场的搜索服务，转至中国香港。随后，谷歌搜索的忠实粉丝以谷歌香港镜像为基础，开发了“谷粉搜搜”(www. gusoso. com)，除极个别关键字外，搜索内容与谷歌完全一致。“谷粉搜搜”搜索镜像在内地运行直至 2015 年 2 月 1 日。

$$M_{nt} = \frac{N_{nt}^{up} - N_{nt}^{down}}{N_{nt}^{up} + N_{nt}^{down}} \tag{6-32}$$

将式(6-32)变形,可以得到:$M_{nt} = 1 - \frac{2N_{nt}^{down}}{N_{nt}^{up} + N_{nt}^{down}}$,可以推导出这一媒体情绪指数的取值范围在[-1,1]之间。

进一步可以推导,当媒体情绪指标在[0,1]之间取值时,可以认为媒体上该时刻对该城市住宅价格的变化态度总体持上涨情绪;而当媒体情绪指标取值[-1,0]时,该时刻媒体上对该城市住宅价格下降的信息多于上升,所以认为媒体此时对住宅价格持下降情绪。

6.4.2 城市公共服务指数的构建

因为目前我国没有针对城市群而制定和发布城市公共服务指数,本书利用支出法构建了三个典型城市群 16 个城市(季度)的公共服务指数,限于数据的可获得性,分别设置了三级体系来构建指标,具体指标的选取见表 6-1。

城市群城市公共服务指数构建指标体系　表 6-1

一级指标	二级指标	三级指标
城市公共服务指数	教育水平	财政经费用于教育支出
	医疗水平	财政经费用于医疗支出
	社会保障水平	财政经费用于社会保障水平支出

计算城市公共服务指数时,分别将城市的财政经费中用于教育支出、医疗支出和社会保障的支出进行无量纲化处理,并赋予各自等额权重(各占 1/3),加权汇总即得城市的公共服务指数。

由于目前我国各城市公布的城市经济和社会发展公报(季度或半年度)中不报告财政经费的支出结构和情况,所以,分别选择 16 个城市的《城市经济统计年鉴》的财政经费支出数据,计算年度的城市公共服务指数,进而按季度等分近似处理,折算成季度的城市公共服务指数。需要说明的是,虽然这样处理有失偏颇,但依据目前所能搜集到的资料,无法获得更为完善和精确的城市公共服务指数。

6.4.3 样本来源

由于所能采集到的媒体情绪指标截至 2014:Q4,所以本章的研究期限设定为 2005:Q3 ~ 2014:Q4,累计 38 个季度。相关数据来源和指标的计算结果分别如下。

(1)城市商品住宅价格指数

研究中涉及三个典型城市群16个城市,其商品住宅价格指数来源于国家统计局公布的70个大中城市商品住宅价格销售指数,与前文相同。经过季度平均得到相应季度价格指数,三者的时序图分别如图6-1～图6-3所示。

(2)时变空间权重矩阵的数据来源

由前文可知,计算城市间的相互作用强度及构建时变空间权重涉及如下几个变量:城市的生产总值、城市的人口和城市之间的距离。

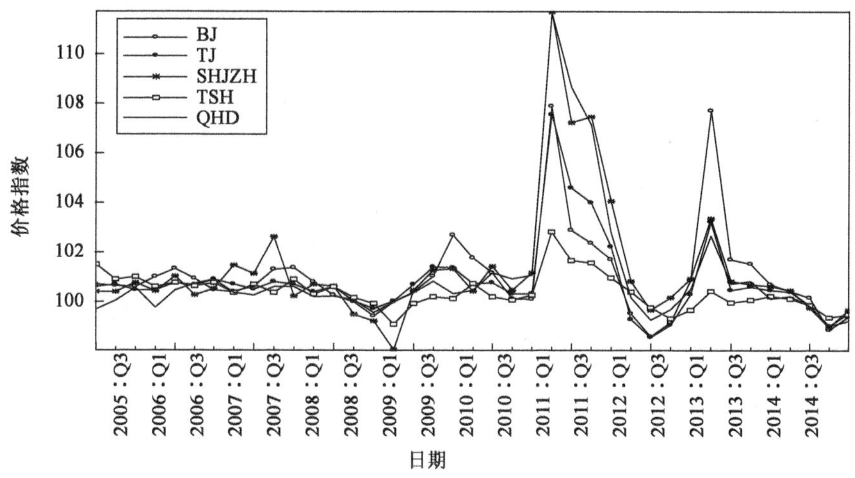

图6-1　京津冀城市群城市商品住宅价格指数时序图(季度)

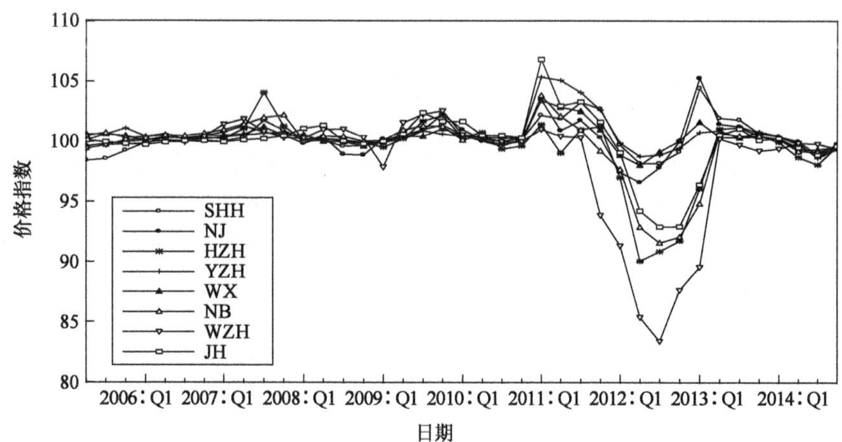

图6-2　长三角城市群城市商品住宅价格指数时序图(季度)

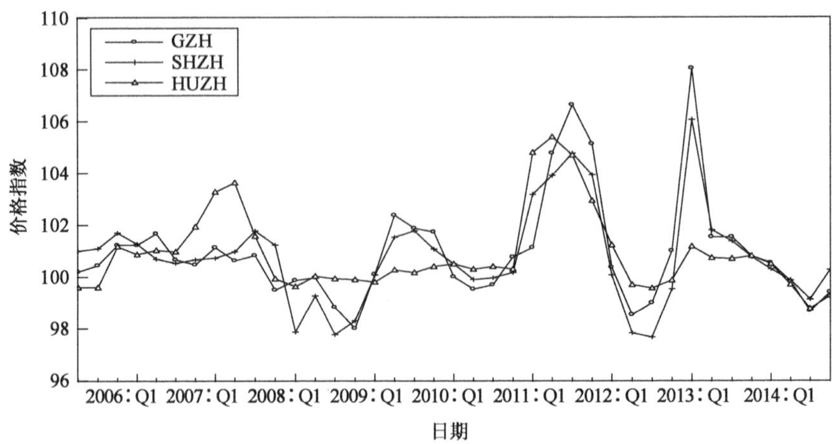

图6-3 珠三角城市群城市商品住宅价格指数时序图(季度)

其中,城市生产总值主要来自各城市统计局和调查大队按季度发布的城市经济运行情况分析报告[1],部分城市个别季度数据有缺失,通过相应指标的环比增长率推导予以求得;咨询相应城市的统计和调查部门,分别进行了弥补。

城市人口数据主要来源于各城市《城市经济统计年鉴》中发布的年末常住人口,部分城市数据有缺失,本书通过查询相应的国民经济和社会发展统计公报里公布的年末常住人口予以补充。此外,因为计算时变空间权重矩阵需要季度人口数据,还要对全年常住人口增长额进行等额季度分配。

城市之间的距离,本书选择了城市行政中心之间的球面距离,相应数据利用ArcGis软件从国家地理信息中心所提供的我国城市空间电子地图中生成,数据详见本书附录。

对京津冀城市群而言,一共包括了5个城市38个季度的数据,其时变空间权重矩阵为38个5×5阶的矩阵。对长三角城市群而言,一共包括了8个城市38个季度的数据,则其时变空间权重矩阵为38个8×8阶的矩阵。对珠三角城市群而言,一共包括了3个城市38个季度数据,则其时变空间权重矩阵为38个3×3阶的矩阵。

(3)三个典型城市群城市住宅价格媒体情绪指标

按照前文介绍的城市商品住宅媒体情绪指标的构建方法,本书分别对我国

[1] 城市经济运行情况分析报告主要从国家统计局资料室获得。长三角和珠三角城市群城市,以及北京市、天津市的统计信息公开工作比较及时和完善,部分数据从城市统计局网站公布的季度进度数据中获取。

三个典型城市群相关关键词组合进行了检索，经过数据清洗，剔除了异常值和插值填补处理后，得到了较为理想的样本，进而构建了各个城市的媒体情绪指标，序图分别如图6-4～图6-6所示。

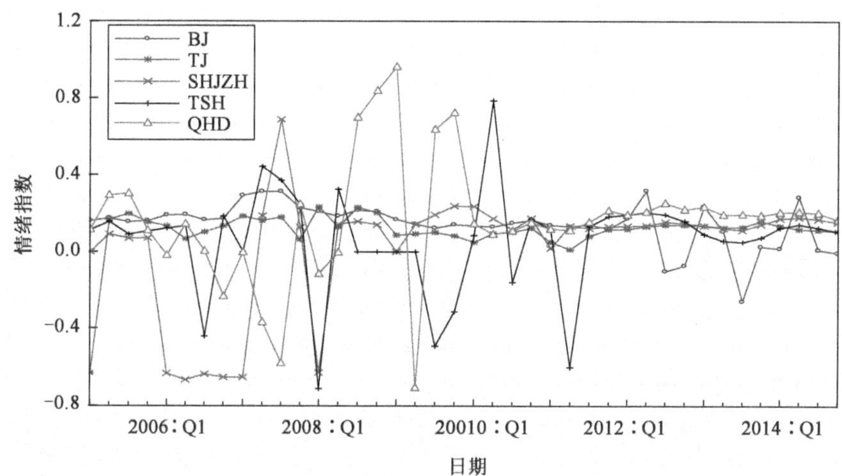

图6-4　京津冀城市群5个城市住宅市场媒体情绪指标时序图

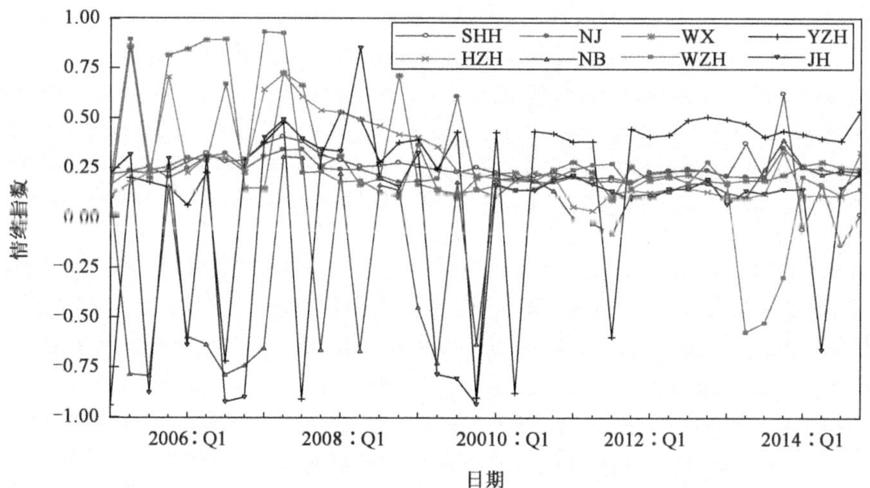

图6-5　长三角城市群8个城市住宅市场媒体情绪指标时序图

从图中可以看出，各个城市群的住宅市场媒体情绪指标均在[-1,1]区间变化，符合前文所提出的基本要求，且各城市的媒体情绪指标随着时间波动变化，表现出明显的时变性特征，符合研究的预期。

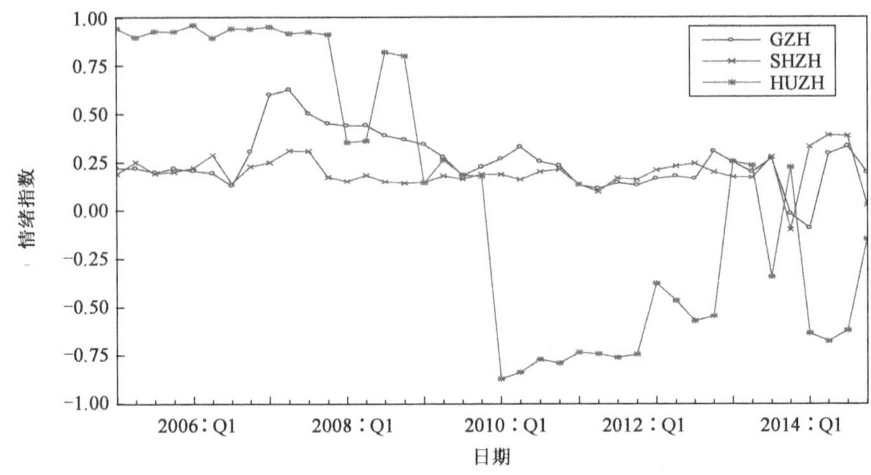

图 6-6　珠三角城市群 3 个城市住宅市场媒体情绪指标时序图

(4)三个典型城市群城市货币因素指标

由于贷款利率受到中央银行统一管理,各城市没有自主确定和调整的权限,因而城市之间的利率水平并没有差异。但各城市可以发放的货币贷款额度受城市的金融机构存款余额限制,且这一变量随城市和时刻的变化而变化,可以反映城市的货币因素,作为利率的代理变量。所以,本书选择样本期内各城市金融机构存款余额进入模型。上述变量的样本取自各城市的《城市经济统计年鉴》,并经过等值插值,得到各个季度的取值。

(5)三个典型城市群城市土地因素指标

研究中三个典型城市群城市的土地价格指数,来源于自然资源部土地利用管理司和中国土地勘测规划院共同发布的城市地价指数,该指数选取了全国 105 个城市作为监测对象,按季度发布这些城市的商服用途地价指数、住宅用途地价指数、工业用途地价指数和综合用途地价指数;本书涉及的 16 个样本城市,恰好能被涵盖。2005:Q3 ~ 2014:Q4 期间三个典型城市群地价指数变化时序图分别如图 6-7 ~ 图 6-9 所示。

(6)其他变量的样本来源

研究中还涉及 GDP 增长率,城镇居民人均可支配收入增长率,可支配收入增长率,主要来自各城市统计局和调查大队发布的城市经济运行情况分析报告[1],部分城市个别季度数据有缺失,本书通过相应指标的环比增长率推导以及咨询相应城市的统计和调查部门,分别进行了弥补。

[1] 来源和处理方式,同脚注 20。

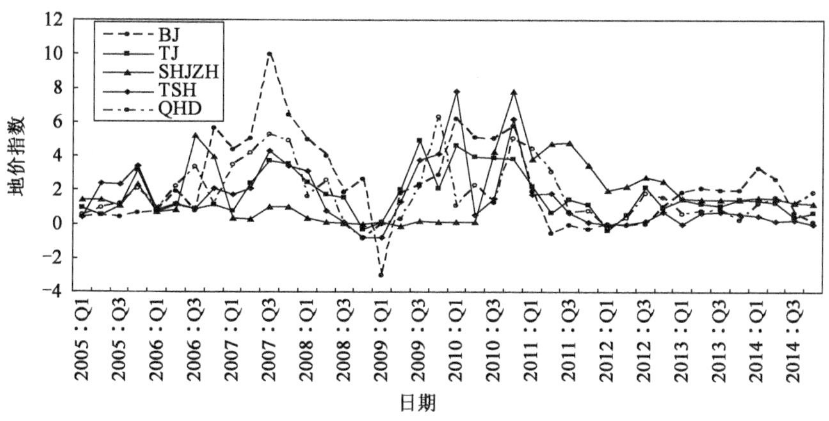

图 6-7　京津冀城市群 5 城市住宅用途地价指数

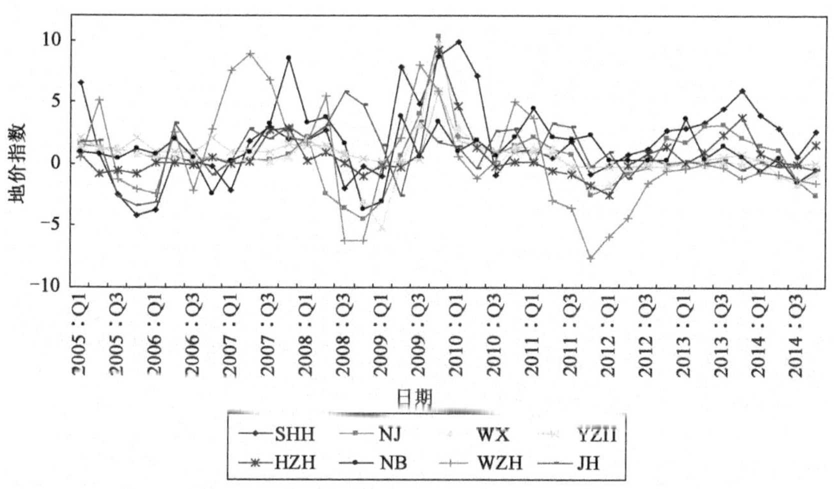

图 6-8　长三角城市群 8 城市住宅用途地价指数

6.4.4　样本的空间效应检验

利用空间计量经济理论进行分析的基本前提是数据具备空间效应，所以，在实证研究之前，需对所选择的样本进行空间相关性检验。

空间计量经济理论一般采用 Anselin(1988)年提出的基于固定空间权重矩阵 Moran's I 检验，来处理数据空间效应检验。Elhorst 以及随后的学者们将 Moran's I 检验拓展至面板数据。此时检验的统计量可以设定为：

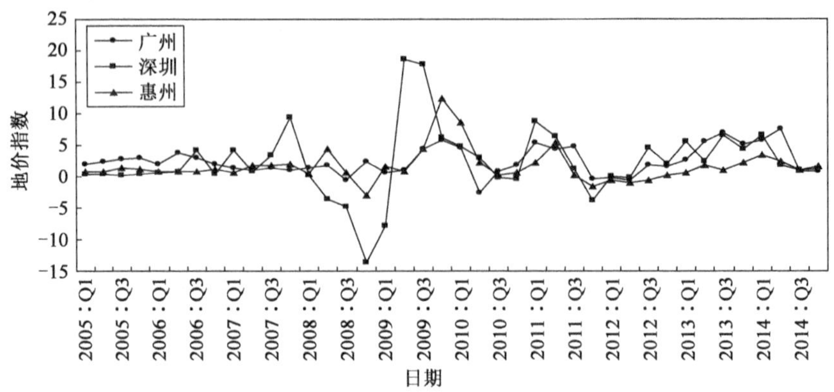

图 6-9　珠三角城市群 3 城市住宅用途地价指数

$$I = \frac{e' W_{\mathrm{NT}} e}{e' e} \tag{6-33}$$

式中：W——普通固定空间权重矩阵，$W_{\mathrm{NT}} = I_T \otimes W$；

W_{NT}——时变空间权重矩阵；

e——普通面板数据模型的最小二乘估计残差。

欧变玲（2014）提出了时变空间权重矩阵的空间相关性检验。此时检验的统计量可以设定为：

$$I = \frac{e' \widetilde{W} e}{e' e} \tag{6-34}$$

式中：

$$\widetilde{W} = (\tilde{w}_{ij,t})_{i,j=1,\cdots,N,t=1,\cdots,T} = \begin{bmatrix} \widetilde{W}_1 & 0 & \cdots & 0 & 0 \\ 0 & \widetilde{W}_2 & \cdots & 0 & 0 \\ \vdots & \vdots & \ddots & \vdots & \vdots \\ 0 & 0 & \cdots & \widetilde{W}_{T-1} & 0 \\ 0 & 0 & \cdots & 0 & \widetilde{W}_T \end{bmatrix}$$

$$e = [I_{\mathrm{NT}} - X(X'X)^{-1}X']Y$$

记 $M = I_{\mathrm{NT}} - X(X'X)^{-1}X'$，欧变玲（2014）证明了时变空间权重矩阵情形下的 Moran's I 检验指标的均值、方差和渐进分布特征分别为：

$$E(I) = \frac{\mathrm{trace}(M\widetilde{W})}{NT - k} \tag{6-35}$$

$$V(I) = \frac{\mathrm{trace}(M\widetilde{W}M\widetilde{W}') + \mathrm{trace}(M\widetilde{W})^2 + [\mathrm{trace}(M\widetilde{W})]^2}{(NT - k)(NT - k + 2)} - [E(I)]^2 \tag{6-36}$$

$$Z = \frac{I - E(I)^{Asy}}{\sqrt{V(I)}} \sim N(0,1) \tag{6-37}$$

为便于在后文的研究中对比时变空间权重与非时变权重的差异，本章分别采用固定权重的空间效应检验和时变空间权重矩阵的空间效应检验来进行空间效应的相关检验。在固定空间权重矩阵情形时，采用间隔取样的方法，即分别选取样本期的开始、中间和结尾时刻的固定空间权重矩阵来进行空间效应检验，希望通过不同时刻的检验来相对准确地挖掘数据背后的规律。

按照前文所述，进行空间效应检验时，固定空间权重矩阵的选择时刻可以分别设定为2005:Q3、2010:Q1、2014:Q4，对三个城市群的商品住宅价格指数进行空间效应检验。

三个典型城市群城市各自的商品住宅价格 Moran′s I 结果见表6-2。

我国三个典型城市群商品住宅价格的空间效应检验　　表6-2

地　区	Moran′s I（Z-value）固定空间权重			Moran′s I（Z-value）时变空间权重
	2005:Q3 权重矩阵	2010:Q1 权重矩阵	2014:Q4 权重矩阵	
京津冀城市群	0.4026*** (6.12)	0.3962*** (5.09)	0.3975*** (7.57)	0.5790*** (6.43)
长三角城市群	0.3605*** (8.27)	0.3838*** (4.72)	0.3781*** (4.36)	0.4361*** (6.63)
珠三角城市群	0.4347*** (8.42)	0.4326*** (5.37)	0.4223*** (6.12)	0.4502*** (6.47)

注：***表示在1%的显著性水平下拒绝原假设，括弧内为 Z 值。

从表6-2中可以看出，对三个典型城市群而言，在所选择的三个时刻，利用固定权重所计算的 Moran′s I 指标均通过了1%的显著水平的检验，显示出较为明显的空间相关性。同时，基于时变空间权重矩阵的 Moran′s I 指标也显著地通过了检验，可以使用空间面板模型来进一步开展研究。

6.5　结果与讨论

为验证时变空间权重矩阵动态空间面板模型是否具有优越性，本章分别进行了普通面板回归、固定空间权重矩阵（仍然采用城市间相互作用强度与高斯核衰减函数相结合的方法，分别选择了2005:Q3、2010:Q1、2014:Q4三个时刻构建固定空间权重矩阵）动态空间动态面板回归，以作为对比。

利用 Matlab12.0 软件编写程序来估计上述模型的参数，结果分别见表6-3～表6-5。

表 6-3

京津冀城市群商品住宅价格互动影响因素模型参数估计结果

系　数	京津冀城市群									
	普通面板模型		固定权重空间面板模型						时变权重空间面板模型	
	估计值	t 值	权重 1:2005:Q3		权重 2:2010:Q1		权重 3:2014:Q4		估计值	渐进 t 值
			估计值	渐进 t 值	估计值	渐进 t 值	估计值	渐进 t 值		
$W^* h_{pt}$			0.132	3.212*	0.123	3.346*	0.123	3.346*		
$h_p(t-1)$			-0.467	3.216*	-0.453	3.908*	-0.453	3.908*		
$W^* h_p(t-1)$			0.416	3.256*	0.432	2.108*	0.432	2.108*		
$W_{nt}{}^* h_{pt}$									0.234	2.376*
$h_p(t-1)$									-0.396	2.824*
$W_{nt}{}^* h_p(t-1)$									0.558	-1.929*
income	-6.321	5.548**	3.471	3.031*	3.321	2.865*	2.630	2.582*	4.102	6.865**
pop	-5.436	27.321***	1.479	6.536**	1.531	4.110**	1.550	5.130**	6.576	25.210***
finance	5.643	7.432**	3.748	6.528**	3.524	2.326*	3.393	2.121*	8.524	6.946**
public	4.215	3.465*	3.424	3.258*	3.327	2.168*	3.041	2.384*	5.335	6.286**
media	1.256	0.402	1.481	2.568*	1.303	1.122*	1.659	1.082*	2.109	6.402***
land	1.234	0.324	8.347	11.274***	8.229	8.402***	8.619	3.422**	7.039	15.402***
豪斯曼试验	32.43									
可决系数	0.564		0.643		0.672		0.698		0.857	
σ^2	0.784		0.666		0.653		0.678		0.681	
对数似然	332.89		406.42		395.37		423.67		756.89	

注：***代表1%显著水平；**代表5%显著水平，*代表10%显著水平；W 表示固定空间权重矩阵；W_{nt} 表示时变空间权重矩阵；h_p 表示住宅价格指数；income 代表人居可支配收入；pop 代表常住人口；finance 代表货币存款余额；public 代表公共服务指数；media 代表媒体情绪；land 代表住宅地价指数。

长三角城市群商品住宅价格互动影响因素模型参数估计结果　　表 6-4

系　数	长三角城市群									
	普通面板		固定权重空间面板						时变权重空间面板	
	估计值	t 值	权重 1:2005Q3		权重 2:2010Q1		权重 3:2014Q4		估计值	渐进 t 值
			估计值	渐进 t 值	估计值	渐进 t 值	估计值	渐进 t 值		
$W^* h_{pt}$			0.374	2.679*	0.281	2.331*	0.421	2.564*		
$h_p(t-1)$			-0.548	6.514**	-0.472	3.329*	-0.642	5.421*		
$W^* h_p(t-1)$			0.631	3.257*	0.528	2.571*	0.764	3.328*		
$W_{nt}{}^* h_{pt}$									0.174	6.762**
$h_p(t-1)$									0.716	14.758***
$W_{nt}{}^* h_p(t-1)$									0.442	2.960*
income	-3.214	5.327**	4.526	7.152**	3.851	7.116**	4.476	6.054**	5.108	7.033**
pop	3.246	0.539	3.243	2.285*	7.203	1.539*	9.867	3.570*	10.093	21.570***
finance	7.432	2.542*	5.279	2.036*	6.471	2.385*	11.345	3.134*	7.024	4.214**
public	3.7	11.246***	4.031	3.384**	5.319	4.720**	4.3	4.223**	5.6	31.698***
media	1.246	8.654***	1.217	18.278***	1.356	13.219***	1.358	23.458***	2.043	10.164***
land	37.543	0.432	[illegible].052	3.116*	5.639	2.793*	9.321	2.458*	4.061	6.011**
豪斯曼试验	57.54									
可决系数	0.554		0.638		0.735		0.643		0.838	
σ^2	0.467		1.531		0.903		1.253		1.731	
对数似然	501.3		467.4		482.3		490.5		532.8	

注：*** 代表 1% 显著水平；** 代表 5% 显著水平；* 代表 10% 显著水平；W 表示固定空间权重矩阵；W_{nt} 表示时变空间权重矩阵；h_p 表示住宅价格指数；income 代表人居可支配收入；pop 代表常住人口；finance 代表货币存款余额；public 代表公共服务指数；media 代表媒体情绪；land 代表住宅地价指数。

表 6-5

珠三角城市群商品住宅价格互动影响因素模型参数估计结果

系数	珠三角城市群									
	普通面板		固定权重空间面板						时变权重空间面板	
			权重 1:2005Q3		权重 2:2010Q1		权重 3:2014Q4			
	估计值	渐进 t 值	估计值	渐进 t 值	估计值	渐进 t 值	估计值	渐进 t 值	估计值	渐进 t 值
$W^* h_{pt}$			0.301	2.116*	0.118	11.121***	0.214	5.435**		
$h_p(t-1)$			-0.152	5.410*	1.316	0.931	-0.453	3.238*		
$W^* h_p(t-1)$			0.371	11.321***	0.299	3.213*	0.215	2.456*		
$W_{nt}{}^* h_{pt}$									0.025	5.236**
$h_p(t-1)$									-0.256	6.980**
$W_{nt}{}^* h_p(t-1)$									0.378	-1.802*
income	-3.257	6.537**	3.517	3.118*	6.001	3.217*	4.325	3.568*	4.573	7.470**
pop	-4.623	2.125*	2.004	9.315**	3.321	2.316*	4.436	16.665***	5.769	11.275***
finance	-4.211	27.321***	7.037	4.216*	4.102	5.129**	5.124	4.307*	4.725	20.261***
public	5.456	12.235***	2.681	6.481**	5.382	3.268*	8.521	2.234*	7.093	9.635**
media	4.34	24.435***	6.376	2.724*	4.218	2.215*	3.452	3.324*	3.07	20.188***
land	7.653	6.542**	1.732	26.712***	7.216	3.216*	11.112	3.340*	10.028	4.820*
豪斯曼试验										
可决系数	0.376		0.625		0.654		0.790		0.859	
σ^2	0.865		0.291		0.326		0.432		0.979	
对数似然	545.47		239.31		341.76		548.63		651.87	

注：*** 代表 1% 显著水平，** 代表 5% 显著水平，* 代表 10% 显著水平。表中，W 表示固定空间权重矩阵，W_{nt} 表示时变空间权重矩阵，h_p 表示住宅价格指数，income 代表人居可支配收入，pop 代表常住人口，finance 代表货币存款余额，public 代表公共服务指数，media 代表媒体情绪，land 代表住宅地价指数。

6.5.1 京津冀城市群实证分析的结果

从表 6-3 中可以看出，在普通面板数据模型情形下，多个参数的估计值与其理论预期值的符号相悖（居民人均可支配收入系数取值 -6.321、城市人口系数取值 -5.436），不符合研究的预期，且媒体情绪与土地指标没能通过系数的显著性检验，应该调整模型的构建思路，转而选择考虑了空间效应的模型。

在固定空间权重情形下，三个模型的参数估计结果在符号上均与理论预期保持一致，参数估计值的渐进 t 检验值都通过了显著性检验（t 检验值均较大，5% 的显著性水平下，拒绝原假设的参考值是 1.65），表明模型系数的估计值较为合理。此外，从模型估计的整体效果来看，三个时刻的固定空间权重面板数据模型的 R^2 值均在 0.64 以上，最高也只有 0.698，说明模型估计的整体功效不是十分理想。

而在时变空间权重矩阵的情形下，模型参数估计值的符号与理论预期保持一致，且在参数估计的显著性水平上，渐进 t 检验值表明与固定权重时相比有显著提高（此时，5 个参数的估计均通过了 5% 的显著性水平检验，而固定空间权重情形最多只有两个参数同时通过 5% 的显著性水平检验）。从模型的整体功效来看，时变空间权重时，模型的 R^2 为 0.857，与固定空间权重相比提高了许多。说明时变空间权重模型较好地反映了数据的特征。

6.5.2 长三角城市群实证分析结果

从表 6-4 中可以看出，在普通面板数据模型情形下，长三角城市群的回归结果中，有一个参数的估计值与其理论预期值的符号存有相悖（居民人均可支配收入系数为 -3.214，预期为正值），不符合研究的预期，且人口与土地指标没能通过系数的显著性检验，故应该调整模型的构建思路，转而选择考虑了空间效应的模型。

在固定空间权重情形下，三个模型的参数估计结果的符号均与理论预期保持一致，参数的渐进 t 检验值基本都通过了显著性检验（5% 的显著性水平下，拒绝原假设的参考值是 1.65），表明模型系数估计值相对于普通面板数据模型要更为合理。此外，从模型估计的整体效果来看，三个时刻的固定空间权重面板数据模型的 R^2 值均在 0.63 以上，最高为 0.735。

而在时变空间权重矩阵的情形下，模型的参数估计结果符号与理论预期保持一致，且在参数估计的显著性水平上，渐进 t 检验值表明与固定权重时相比有显著提高（此时，5 个变量的参数估计均通过了 5% 的显著性水平检验，而固定空间权重情形最多只有两个参数同时通过 5% 的显著性水平检验）。从模型的整体功效来看,时变空间权重矩阵时模型的 R^2 为 0.838,与固定空间权重相比有显著提高,说明在长三角城市群中,时变空间权重模型较好地刻画了数据的特征。

6.5.3 珠三角城市群实证分析结果

从表 6-5 中可以看出,在普通面板数据模型情形下,珠三角城市群的回归结果中,有三个参数的估计值与其理论预期值的符号存有相悖(分别是居民人均可支配收入系数取值 -3.257、人口因素取值 -4.623 以及货币因素取值 -4.21),说明构建的模型有缺陷,需要转而选择考虑了空间效应的模型。

在固定空间权重情形下,三个模型的参数估计结果在符号上均与理论预期保持一致,参数的渐进 t 检验值基本都通过了显著性检验(5% 的显著性水平下,拒绝原假设的参考值是 1.65),表明模型系数估计值相对于普通面板数据模型要更为合理。此外,从模型估计的整体效果来看,三个时刻的固定空间权重面板数据模型的 R^2 值最低为 0.625,最高为 0.790。

而在时变空间权重的情形下,模型的参数估计结果符号与理论预期保持高度一致,且在参数估计的显著性水平上,渐进 t-检验值表明与固定权重时相比有显著提高(此时,5 个变量的参数估计均通过了 5% 的显著性水平检验,而固定空间权重情形最多只有两个参数同时通过 5% 的显著性水平检验)。从模型的整体功效来看,时变空间权重时,模型的 R^2 为 0.859,与固定空间权重相比提高了许多,说明时变空间权重模型较好地刻画了数据的特征。

6.5.4 变量的边际效应分析

为进一步分析各个影响因素的变动在城市群区域内对价格互动所产生的影响效应,根据前文关于变量边际分析的数学推导,求得各变量的直接效应和间接效应的估计值及 Z-统计量值,如表 6-6 所示。

我国三个典型城市群商品住宅价格区域互动影响因素的边际效应分析　表 6-6

系　数	京津冀城市群		长三角城市群		珠三角城市群	
	直接效应	间接效应	直接效应	间接效应	直接效应	间接效应
income	17.012 (5.841**)	6.469 (7.746**)	18.111 (1.733*)	13.304 (2.987*)	25.720 (1.962*)	9.915 (1.660***)
pop	13.064 (-1.690*)	7.384 (-1.856*)	9.954 (1.767*)	3.263 (1.981*)	9.511 (-15.85***)	7.975 (-10.57***)
finance	7.069 (-10.502**)	5.321 (-11.240**)	2.895 (1.912*)	5.227 (2.604*)	8.271 (3.443*)	8.903 (-4.276*)

续上表

系　　数	京津冀城市群		长三角城市群		珠三角城市群	
	直接效应	间接效应	直接效应	间接效应	直接效应	间接效应
public	5.063 (5.445**)	12.604 (-5.486*)	6.579 (-1.91*)	1.930 (-1.934*)	4.192 (-3.336*)	11.033 (-2.981*)
media	5.484 (1. 902*)	12.468 (1.994*)	1.131 (-1.700*)	5.093 (-2.023*)	0.464 (-2.828*)	3.432 (-3.557*)
land	-10.093 (1.820*)	0.350 (-1.862*)	-1.213 (2.521***)	-1.241 (2.620*)	-2.084 (-14.46***)	2.148 (-18.84***)

注:括弧内为Z-统计量值,***代表1%显著水平,**代表5%显著水平,*代表10%显著水平。各变量的定义与本章前表相同。

从表6-6中边际分析结果可以看出,本书所涉及的6个影响商品住宅价格城市间互动因素的直接效应和间接效应的估计值均通过了10%的显著性检验,可以进行下一步分析。

在三个典型城市群区域内,6个影响因素所产生的效应有异同。其中,城镇居民人均可支配收入指标和城市常住人口指标产生的正向直接效应,在三个城市群中均最为明显。这表明,平均而言,三个典型城市内上述两个指标的变化对本地商品住宅价格的变化影响最为显著。在京津冀城市群内,媒体情绪指标和公共服务指标产生的间接效应最为明显(其中公共服务指标和媒体情绪指标的间接效应为正),这表明,平均而言,上述因素单位变动对该城市群内商品住宅价格的溢出影响最为显著。在长三角城市群内,城镇居民人均可支配收入指标和金融机构存款余额指标产生的间接效应最为显著(二者均为正值),说明平均而言,二者的变动使得长三角城市群内商品住宅价格的溢出最为显著;而在珠三角城市群内,城镇居民人均可支配收入指标和城市公共服务指标所产生的间接效应最为明显(二者均为正值)。此外,需要说明的是媒体情绪指标在长三角城市群内产生的正向间接效应也不容忽视。

6.5.5　余论——城市群发展的重大事件对商品住宅价格城市间互动的影响

1998年至今,正值国家经济快速发展、城市群战略稳步推进、城市化水平接连提升的特殊时期,在各级政府努力推动下,城市之间的经济合作、交通连接、人才与技术合作等活动频繁，对城市群的协调发展产生着显著的影响。与发达经济体相比，我国房地产市场化运行的时间较短，住宅市场在摸索中逐渐走向成熟，不完备的市场结构下，购买者的决策行为容易受到各种重大事件和预期的影响(Shiller,2000)。例如，城市重大交通工程的完工交付对城市住宅市场价格会有显著影响，甚至预计的城市重大交通工程规划都能显著提升沿线住宅价格上涨的预期(Chiang,2015)。那么，那些有关城市群建设和发展的重大事件，对商品住宅价格城市间互动关系的影响是否是显著的呢？

国外文献中代表性的研究是 Shiller(2000)提出的重大事件与股价剧烈波动的耦合关系，认为重大事件通过投资者的心理因素产生了反应过度和放大传导机制。国内文献中，阮连法和温海珍(2012)利用杭州的住宅市场数据，研究了贷款利率调整、美国金融危机和国字号的调控政策等重大事件对住宅价格波动的影响，得到前者对后者呈现"台阶式"影响关系的结论。但文献中缺乏从城市群视角来研究重大事件对住宅价格空间互动影响的成果。

本节利用前文所建立的时变空间权重动态空间面板数据实证模型，以三个典型城市群商品住宅价格为研究对象，在控制住前文所选择的影响住宅价格互动的变量的前提下，通过增加一个虚拟变量 D，研究重大事件对商品住宅价格城市间互动的影响状况，对有关城市群发展的社会经济重大事件对商品住宅价格城市间互动的影响因素进一步进行剖析。模型的设定形式如式(6-38)所示：

$$P_{i,t} = \lambda W_{i,t}P_{i,t} + \gamma P_{i,t-1} + \rho W_{i,t-1}P_{i,t-1} + \beta(r,p,f,m,l,w,D) + \zeta_{i0} + \alpha_{t0}l_i + V_{it} \tag{6-38}$$

本书所选择的重大事件限定在有关城市群一体化发展的重大规划，重大交通网络的规划与交付运营，城市群物流一体化建设，城市群教育、人才和科技一体化建设，以及城市群金融一体化建设的标志性事件和重要会议。以上重大事件来源于《中国区域经济发展报告》(2005—2014 年)中所公布的长三角城市群、珠三角城市群和京津冀城市群/都市圈各年的大事记，并经过作者整理和筛选，详见本书附录。

虚拟变量 D 的设定规则为，2005:Q3～2014:Q4 间，如果某个季度发生了有关城市群发展和建设的重大事件，则赋值 D 为 1，否则赋值 D 为 0。在其他变量和时变空间权重矩阵与前文保持一致的前提下，将三个城市群变量 D 分别代入模型中，并进行前文所述的回归处理，结果如表 6-7 所示。

三个典型城市群重大事件虚拟变量回归结果　　表 6-7

系　数	京津冀城市群		长三角城市群		珠三角城市群	
	估计值	渐进 t 值	估计值	渐进 t 值	估计值	渐进 t 值
W_{nt} * hpt	0.269	2.886 *	0.321	5.052 **	0.037	5.012 **
$hp(t-1)$	-0.341	2.433 *	0.854	14.760 ***	-0.301	6.421 **
W_{nt} * hp $(t-1)$	0.590	-2.350 *	0.582	1.943 *	0.417	-1.932 *
income	3.687	5.950 **	5.280	9.391 **	4.821	9.304 **
pop	6.409	26.783 ***	10.067	19.646 ***	6.012	2.864 *
finance	6.670	6.345 **	6.459	8.342 **	5.821	2.582 *
public	4.241	6.775 **	4.307	21.021 ***	8.113	8.348 **
media	2.211	6.321 ***	3.159	11.257 ***	4.086	12.326 ***
land	10.908	14.325 ***	8.263	4.429 **	9.428	2.452 *
D	2.009	6.000 **	1.732	4.329 **	3.397	3.412 *
可决系数	0.860		0.830		0.739	
σ^2	0.688		0.683		0.620	
对数似然	748.021		759.329		705.63	

注：*** 代表 1% 显著水平；** 代表 5% 显著水平；* 代表 10% 显著水平。表中变量的定义与本章前表相同。

从表 6-7 中可以看出，虚拟变量 D 的引入，三个城市群取得了统计上较为合理的回归结果，模型的 R^2 都较高（均在 0.73 以上），表明整体显著性水平较高。此外，三个虚拟变量都通过了各自渐近 t 检验，表明与无重大事件发生的时期比，重大事件能显著提高回归的水平，即城市群发展的重大事件也是影响城市群商品住宅价格空间互动的重要因素。

6.6　本章小结

本章分别从理论推导和实证分析两个角度研究了我国三个典型城市群内，商品住宅价格城市间的互动影响因素。

理论分析时，本章从经典的一般均衡框架出发，构建了影响城市群城市商品住宅价格互动的模型，厘清了收入、货币、人口、土地和城市公共服务几个变量与价格的变化关系。然后构建了考虑媒体情绪的购买者财富最大化的最优化问题，分析了媒体情绪与住宅价格的变化关系。

在上述理论分析的基础上，利用空间计量经济理论，构建了时变空间权重矩阵的动态空间面板数据实证模型，选择三个典型城市群的16个核心城市的季度数据，并基于开放数据构造了媒体情绪指标，对理论模型进行了实证分析。通过与(2005：Q3、2010：Q1、2014：Q4)三个时刻的固定空间权重矩阵模型进行对比分析，发现所建立的时变空间权重矩阵的动态空间面板数据模型无论在变量的估计，还是在模型的整体功效上，均取得了更为理想的效果，时变空间权重矩阵的动态空间面板数据模型更好地刻画了数据的规律。

基于时变空间权重矩阵的动态空间面板数据模型，对三个典型城市群城市的商品住宅价格影响因素的直接效应和间接效应进行了分析，发现本书所涉及的6个变量在三个城市群内所产生的直接效应和间接效应均通过了显著性检验，且均符合理论的预期。且城镇居民人均可支配收入和城市人口两个指标所产生的直接效应最为明显，在京津冀城市群，媒体情绪和公共服务指标产生的间接效应最为显著，长三角城市群内人均可支配收入和金融机构存款余额产生的间接效应最为显著，珠三角城市群内人均可支配收入和公共服务指标所产生的间接效应最为显著。

利用所建立的时变空间权重动态空间面板数据模型，研究有关城市群发展的重大社会经济事件对住宅价格城市间互动性的影响，发现重大事件也是影响住宅价格空间互动的因素之一。

第7章　结论与展望

本书对我国三个典型城市群内商品住宅价格城市间互动性问题进行了理论和实证研究，得到的主要结论如下：

有着紧密联系的城市群区域内，不可排斥商品住宅价格产生城市间的空间互动与关联，且与非城市群普通地理接近的城市相比，应该存在着更为特殊的互动关系。建立“核心—节点”结构的城市群商品住宅价格互动理论模型，在空间一般均衡条件下，模拟求得“核心—节点”城市住宅价格的互动变化理论关系，结果显示二者随时间趋于收敛。在此模型框架下，进一步演绎得到了城市群商品住宅价格空间互动的两个推论：推论1，在城市群区域内核心城市与节点城市共同构成了有机的系统，城市之间客观存在的相互联系，会迁移至城市住宅市场之间的互动性上，其外在表现为住宅市场价格的空间传导与溢出；推论2，在城市群区域内，随着区域一体化发展程度的提升，城市间住宅价格水平随时间趋于收敛。

我国三个典型城市群内住宅价格的收敛性检验结果显示，2005年8月至2016年6月期间，虽然从短期时变角度来看，城市间商品住宅价格存在一定程度的分化，但均能维持稳定的长期共同趋势，即三个城市群内均存在住宅价格的城市间传导关系，验证了本书的理论结论。

进一步研究传导的源头以及空间表现形态，发现城市群的核心城市（北京、上海、深圳）均构成各区域住宅价格波动的主要源头，部分省会城市（石家庄、杭州）也构成价格波动的次级或并立源头；且四个一线城市之间的住宅价格互为显著的空间格兰杰因果关系，部分二线城市住宅价格的波动在城市群内能产生显著的示范效应；各区域内住宅价格空间互动呈现城市邻接传染与按照城市层级传导相结合的混合模式。

从动态时变角度挖掘住宅价格传导和波动性溢出的规律，发现区域经济一体化程度高的城市群内，住宅收益率的动态条件相关系数的分异性要更低；经济发展水平较高的城市之间的动态条件相关系数更高；动态时变波动性溢出则主要由城市群的核心城市交替领先。

通过互换城市群核心城市以及替换部分非核心城市构建了9个参照组，与原始城市群进行对照分析，发现互换城市群核心城市对住宅价格收敛性没有造成显著影响，却使得动态条件相关系数和动态条件方差显著下降；替换部分非核心城市后收敛性难以维系，且动态条件相关系数和动态条件方差亦显著下降。验证了本书理论研究中所提出的论断：与非城市群普通地理接近的城市相比，城市群区域内商品住宅价格存在着更为特殊的互动关系。

借助动态条件相关系数分析我国特殊的住宅调控政策——“限购令”的实施效果，发现短期内该政策确实起到了限制价格区域溢出的作用，但长期来看，限制溢出的效果并未获得显著的支持证据。表明行政性的“限购”政策并非能使城市群区域内住宅价格回归理性区间的长效机制。

对比固定空间权重和时变空间权重的动态空间面板数据模型，发现后者更好地刻画了数据规律；应用其研究 2005：Q3 ~ 2014：Q4 期间三个典型城市群内城市间商品住宅价格空间互动的影响因素以及计算各因素产生的溢出效应，发现城镇居民人均可支配收入和城市常住人口产生的直接效应最为显著，是决定城市住宅价格变化的主要因素；京津冀城市群内，媒体情绪和公共服务指标产生的间接效应最为显著，长三角城市群内人均可支配收入和金融机构存款余额产生的间接效应最为显著，珠三角城市群内人均可支配收入和公共服务指标所产生的间接效应最为显著，它们分别构成了各自城市群内价格溢出的主要影响因素。基于 TVSWM-DSPD 模型，通过增加关于城市群建设发展重大事件的虚拟变量，发现重大事件也是影响住宅价格空间互动的重要因素之一。

根据以上研究结论，提出如下建议：

城市群所辖城市之间客观的特殊联系值得我们高度关注，特别是这种联系会迁移至城市间商品住宅市场的互动关系上。因此，相关部门在思考城市商品住宅价格波动变化问题时，一定要将视角提高到城市群这一分析平台上，既要考虑单个城市的实际发展情况，还要打破“一亩三分地”的定势思维，综合分析城市群其他城市对分析对象所带来的实际影响。

相关部门在应对城市住宅价格波动变化时，应重点关注城市群核心城市的价格变化。不仅要关注其在本城市群区域内产生的领涨作用，还应注意经由一线城市间相互传导所导致的跨城市群联动，避免引起跨区域性的价格轮流波动起伏。除此之外，还应警惕区域内的二线城市（如石家庄和杭州）的领涨作用，以及其对区域内其他二、三线城市的示范作用，特别是在核心城市发生波动变化时，应对其采取预警措施，防止出现城市群区域内价格的普遍性波动。

城市群内城市间商品住宅价格存在显著的时变波动性外溢特征，且三个典型城市群呈现出不同的特点，政府部门对房地产市场调控时，要避免施行“一刀切”的政策。此外，要特别关注动态时变波动性在城市群城市间的外溢效应，有必要依据时变特征，建立城市群区域性住宅市场协调发展和风险防控机制，以防止价格波动性在城市间积累、溢出和放大，以降低区域性住宅市场风险产生的概率。

城市群城市商品住宅价格的互动关系，是城市群一体化建设的集中体现。城市经济发展与人口集聚对住宅价格的波动变化产生了最为显著的影响，而城市的存在与发展不是孤立的，建议相关部门在制定城市建设和发展规划时，将商品住宅市场统筹至城市群的高度进行一体化规划，使得城市间形成功能定位协调、经济发展协同、人口集聚适度的城市群结构体系。

此外，要特别注意媒体情绪和有关重大事件在我国住宅市场上所产生的重要影响。当前我国经济处于转型、提质和升级的重要时期，住房市场不仅与宏观经济联系紧密，更关乎百姓生计，相关部门要密切关注住宅市场的网络舆情变化，引导广大民众合理关注住宅价格的变化，以免产生密集的非理性购买行为，造成区域住宅价格的剧烈波动和在区域内互动传导和振荡。

必须说明的是，本书的研究工作还存在许多不足之处，希望在后续的研究中进一步加以完善：

首先，理论分析时，虽然书中对城市群商品住宅价格互动性的理论机理进行了一定的探讨，但尚未十分深入和全面，希望能在后续的研究中予以加强。

其次，由于我国统计部门公布的城市商品住宅价格指数仅覆盖了部分城市，本书所能选取到的16个样本城市虽然具有了典型性和代表性，但没能囊括三个城市群的全部城市。希望随着今后我国住宅销售价格指数体系的进一步完善，特别是运用能涵盖城市群全体城市的Hedonic价格指数，开展更为深入的研究并得到更为新颖的研究结论。

再次，城市群的孕育、演化与形成，有经济运行的自然力之功，也有各级政府努力促成之功，而究竟哪些城市应该包含在城市群内，尚无统一认定标准。从商品住宅价格的互动关系角度出发，研究城市群所辖城市住宅市场是否形成了一体化市场，为城市群的协调发展提供合理的政策建议，是今后值得进一步研究的方向。

附　　表

京津冀城市群5个城市之间的空间距离（单位：m）　　附表1

城市	北京	天津	石家庄	唐山	秦皇岛
北京	0.00	112905.77	265248.93	160065.01	275938.94
天津		0.00	264360.89	101863.60	224816.13
石家庄			0.00	365868.77	489032.32
唐山				0.00	124950.17
秦皇岛					0.00

注：1. 距离指城市行政几何中心的球面距离。

2. 资料来源：国家地理信息中心。

长三角城市群8个城市之间的空间距离（单位：m）　　附表2

城市	上海	南京	无锡	扬州	杭州	宁波	温州	金华
上海	0.00	271308.13	117089.12	231038.58	161631.60	151755.79	365169.84	293489.72
南京		0.00	154249.22	73371.31	236408.44	359543.90	483130.56	337739.12
无锡			0.00	121823.25	142668.06	224193.51	396263.02	281084.75
扬州				0.00	242928.41	344989.59	499239.51	365201.06
杭州					0.00	140944.25	256966.88	141213.45
宁波						0.00	222860.82	202345.64
温州							0.00	155537.12
金华								0.00

注：1. 距离指城市行政几何中心的球面距离。

2. 资料来源：国家地理信息中心。

珠三角城市群3个城市之间的空间距离（单位：m）　　附表3

城市	广州	深圳	惠州
广州	0.00	108938.36	116321.89
深圳		0.00	66096.08
惠州			0.00

注：1. 距离指城市行政几何中心的球面距离。

2. 资料来源：国家地理信息中心。

4 个一线城市之间的空间距离(单位:m)　　附表 4

城市	广州	深圳	北京	上海
广州	0.00	108938.36	1741918.11	1131402.18
深圳		0.00	1790954.65	1129648.21
北京			0.00	973256.05
上海				0.00

注:1. 距离指城市行政几何中心的球面距离。

2. 资料来源:国家地理信息中心。

京津冀城市群发展重大事件统计表　　附表 5

时　间	事　件	主 要 内 容
2005 年 6 月	国家发改委在唐山市召开"京津冀区域规划工作座谈会"	国家发改委在唐山市召开"京津冀区域规划工作座谈会"
2005 年 10 月	《中共中央关于制定国民经济和社会发展第十一个五年规划的建议》	未来 5 年国家将"推进天津滨海新区等条件较好地区的开发开放,带动区域经济发展"
2006 年 4 月	《推进环渤海区域合作的天津倡议》	加强环渤海区域各城市间在交通、能源、产业、科技、环境、旅游等方面全方位的合作
2006 年 12 月	"京津冀人才开发一体化联席会议"在天津举行	标志着京津冀三地人才交流、人事代理和人才派遣、人才网络将实现贯通,三省市人才开发一体化取得重大成果
2007 年 12 月	京津城际快速铁路顺利实现全线贯通	京津城际快速铁路顺利实现全线贯通
2008 年 2 月	第一次京津冀发改委区域工作联席会	京津冀发改委共同签署了《北京市、天津市、河北省发改委建立"促进京津冀都市圈发展协调沟通机制"的意见》
2008 年 7 月	北京和天津之间直达的第二条高速公路——京津高速公路全线贯通	北京和天津之间直达的第二条高速公路——京津高速公路全线贯通
2008 年 8 月	京津城际铁路正式开通运营	京津城际铁路正式开通运营
2010 年 10 月	河北省政府《关于加快河北省环首都经济圈产业发展的实施意见》正式出台	提出了在规划体系等 6 个方面启动与北京的"对接工程"
2011 年 3 月	国家"十二五"规划纲要发布	提出"打造首都经济圈"
2011 年 5 月	首届京津冀区域合作高端会议在河北廊坊召开	首届京津冀区域合作高端会议在河北廊坊召开
2012 年 5 月	国务院批准的 2012 年区域规划审批计划,《首都经济圈发展规划》居首	国务院批准的 2012 年区域规划审批计划,《首都经济圈发展规划》居首

续上表

时　　间	事　　件	主 要 内 容
2013 年 5 月	习近平在天津调研	提出要谱写新时期社会主义现代化的京津“双城记”
2013 年 8 月	习近平在北戴河主持研究河北发展问题	提出要推动京津冀协同发展
2014 年 2 月	习近平主持召开京津冀三地协同发展座谈会	强调实现京津冀协同发展是一个重大国家战略
2014 年 3 月	国务院总理李克强作政府工作报告	提出“加强环渤海及京津冀地区经济协作”
2014 年 3 月	《国家新型城镇化规划(2014—2020 年)》	出了京津冀一体化的城镇化构想
2014 年 12 月	中央召开经济工作会议	将“京津冀协同发展”列入 2015 年经济工作的主要任务

资料来源:《中国区域经济发展报告(2005—2014 年)》。

长三角城市群发展重大事件统计表　　附表 6

时　　间	事　　件	主 要 内 容
2005 年 10 月	第六次长江三角洲城市经济协调会	城市合作,沟通十三五规划
2006 年 9 月	陈良宇被撤销上海市领导职务	陈良宇被撤销上海市领导职务
2006 年 11 月	第七次长江三角洲城市经济协调会	长三角区域规划
2007 年 5 月	国务院长江三角洲地区经济社会发展座谈会	时任国务院总理温家宝高度评价推进长江三角洲区域实现率先发展具有全局性意义
2007 年 5 月	长三角区域大通关协作第一次联席会议暨《长三角大通关建设协作备忘录》签约仪式在上海举行	长三角区域大通关协作第一次联席会议暨《长三角大通关建设协作备忘录》签约仪式在上海举行
2007 年 12 月	第八次长江三角洲城市经济协调会	推进长三角发展
2008 年 5 月	杭州湾跨海大桥试运营通车	杭州湾跨海大桥试运营通车
2008 年 8 月	《进一步推进长江三角洲地区改革开放和经济社会发展的指导意见》	时任国务院总理温家宝主持召开国务院常务会议,审议并原则通过了《进一步推进长江三角洲地区改革开放和经济社会发展的指导意见》
2009 年 3 月	第九次长江三角洲城市经济协调会	推进长三角城市合作
2010 年 3 月	第十次长江三角洲城市经济协调会	推进物流合作、园区共建

续上表

时　间	事　件	主要内容
2011 年 4 月	第十一次长江三角洲城市经济协调会	长三角产业转移与承接
2011 年 11 月	长三角地区主要领导座谈会	推动产业的有序转移和科学承接
2012 年 3 月	长三角道路运输一体化联席会议	推进长三角道路客运以及货运物流一体化发展
2012 年 4 月	第十二次长江三角洲城市经济协调会	共同打造城市幸福生活圈
2012 年 9 月	长江三角洲地区主要领导座谈会	深入推进长三角地区合作与交流和一体化发展,强化公共服务、深化合作开放
2013 年 4 月	第十三次长江三角洲城市经济协调会	区域一体化发展新红利
2013 年 7 月	南京至杭州、杭州至宁波高速铁路正式开通运营	宁、杭、甬、沪间的列车运行时间均比原来缩短近一半,“长三角”地区高铁网络初步形成
2014 年 3 月	长江三角洲城市经济协调会	签署了《长江三角洲地区城市合作(盐城)协议》。长三角城市群在共享中国(上海)自贸区“溢出效应”、促成长三角新一轮的一体化进程
2014 年 9 月	率先在长三角内的上海、南京、杭州、宁波、合肥海关全面展开长江经济带海关区域通关一体化改革	率先在长三角内的上海、南京、杭州、宁波、合肥海关全面展开长江经济带海关区域通关一体化改革

资料来源:《中国区域经济发展报告(2005—2014 年)》。

珠三角城市群发展重大事件统计表　　附表 7

时　间	事　件	主要内容
2005 年 1 月	《2004—2020 珠江三角洲城镇群协调发展规划》	形成辐射“大珠三角”的区域性服务与创新中心
2005 年 7 月	第二届泛珠三角区域合作与发展论坛	审议通过了《泛珠三角区域合作发展规划纲要》《泛珠三角现代物流发展合作协议》
2006 年 3 月	《泛珠三角区域合作公路水路交通基础设施规划纲要》	交通部组织编制的《泛珠三角区域合作公路水路交通基础设施规划纲要》印发
2006 年 7 月	《广东省珠江三角洲城镇群协调发展规划实施条例》	广东省第十届人民代表大会常务委员会公告(第 60 号),《广东省珠江三角洲城镇群协调发展规划实施条例》

续上表

时　间	事　件	主 要 内 容
2007 年 1 月	《广东省城镇体系规划（2006—2020）》	到 2010 年全省城镇化水平要达到 65% 左右，其中珠三角地区达 80% 左右；2020 年全省城镇化水平达 75% 以上，其中珠三角地区达 85% 以上
2007 年 3 月	《珠三角城市群人才交流一体化合作框架协议》	珠三角城市群人才交流一体化战略联盟正式启动
2007 年 6 月	珠江三角洲城际快速轨道交通广州至佛山段正式开工	珠江三角洲城际快速轨道交通广州至佛山段正式开工
2008 年 3 月	《铁道部、广东省人民政府关于进一步加快广东铁路建设有关问题的会议纪要》	把珠三角城际轨道交通建成现代化示范性工程
2008 年 12 月	《珠江三角洲地区改革发展规划纲要》	国务院常务会议在北京召开。审议并原则通过了《珠江三角洲地区改革发展规划纲要》
2010 年 7 月	广东省人民政府办公厅印发	《珠江三角洲基础设施建设一体化规划（2009—2020）》《珠江三角洲城乡规划一体化规划（2009—2020 年）》《珠江三角洲产业布局一体化规划（2009—2020 年）》《珠江三角洲基本公共服务一体化规划（2009—2020 年）》5 个专项规划的通知
2011 年 3 月	广东省人民政府办公厅印发	《实施〈珠江三角洲地区改革发展规划纲要（2008—2020 年）〉评估考核办法》
2011 年 6 月	珠江三角洲基础设施建设一体化规划	珠江三角洲基础设施建设一体化规划
2011 年 9 月	《广东省实施〈珠江三角洲地区改革发展规划纲要（2008—2020 年）〉督查办法（试行）》	广东省人民政府办公厅印发《广东省实施〈珠江三角洲地区改革发展规划纲要（2008—2020 年）〉督查办法（试行）》的通知
2014 年 4 月	《关于印发〈实施珠三角规划纲要 2014 年重点工作任务〉的通知》	《关于印发〈实施珠三角规划纲要 2014 年重点工作任务〉的通知》
2014 年 7 月	珠三角正式启动全域规划的编制工作	这是中国首个区域性的全域规划

资料来源：《中国区域经济发展报告（2005—2014 年）》。

参考文献

[1] 安虎森. 新经济地理学原理[M]. 2 版. 北京:经济科学出版社,2009.

[2] 安勇,王拉娣. 中国城市房价收敛性及其驱动因素[J]. 经济问题探索,2015,12:45-50.

[3] 陈振光. 中国城市群[M]. 3 版. 合肥:中国科学技术大学出版社,2006.

[4] 陈秋玲,祝影,王益洋. 房地产经济学[M]. 北京:中国社会出版社,2010.

[5] 陈浪南,王鹤. 我国房地产价格区域互动的实证研究[J]. 统计研究,2012,29(7):37-43.

[6] 陈征. 社会主义城市级差地租[J]. 中国社会科学,1995,1:39-52.

[7] 丹尼斯·迪帕斯奎尔,威廉·惠顿. 城市经济学与房地产市场[M]. 北京:经济科学出版社,2002.

[8] 邓慧慧,虞义华,龚铭. 空间溢出视角下的财政分权、公共服务与住宅价格[J]. 财经研究,2013,4:48-56.

[9] 方创琳. 中国城市群研究取得的进展与未来发展方向[J]. 地理学报,2014,69:1130-1144.

[10] 方创琳,毛其智,倪鹏飞. 中国城市群科学选择与分级发展的争鸣及探索[J]. 地理学报,2015,70:515-527.

[11] 顾朝林. 城市群研究进展与展望[J]. 地理研究,2011,30(5):771-784.

[12] 洪涛. 城市间住宅价格波动关系的比较研究——以长三角和京津冀地区为例[J]. 统计与信息坛,2009,4:58-62.

[13] 洪涛,西宝,高波. 房地产价格区域间联动与泡沫的空间扩散——基于2000—2005 年中国 35 个大中城市面板数据的实证检验[J]. 统计研究,2007,24(8):64-67.

[14] 黄雪飞,谷静. 金融危机对中国 70 城市房价影响的关联集聚效应[J]. 管理评论,2011,23(6):3-8.

[15] 黄征学. 城市群理论与实践[M]. 北京:经济科学出版社,2014.

[16] 何维达,陈宝东. 什么导致了房价过快上涨:基于中国省级面板数据的经验证据[J]. 投资研究,2013,11(33):16-33.

[17] 李瑞,季小江,刘立昆. 中心城市房价上涨与区域经济非均衡发展的关系:兼议京津冀一体化的出路[J]. 经济与管理,2013,5(27):5-9.

[18] 李进涛,李红波. 珠三角城市住宅价格空间传导与趋同研究[J]. 重庆大学

学报(社会科学版),2011,6(17):7-23.

[19] 李煜伟,倪鹏飞.外部性、运输网络与城市群经济增长[J].中国社会科学,2013,(3):22-44.

[20] 李智,郑彦璐,吴伟巍.城市间住宅价格波动溢出效应研究——以长三角一线和二线城市为例[J].经济问题探索,2013,11:32-38.

[21] 李爱华,杨婧,林则夫.我国房地产价格与股票价格波动关系的研究——基于1998—2013年间周度数据的实证分析[J].管理评论,2014,26(11):12-19.

[22] 李仲飞,张浩.成本推动、需求拉动——什么推动了中国房价上涨[J].中国管理科学,2015,5(23):143-150.

[23] 梁云芳,高铁梅,贺书平.房地产市场与国民经济协调发展的实证分析[J].中国社会科学,2006,3:74-84.

[24] 刘洪玉,姜沛言.生产率提高和产业结构变化对住房价格的影响[J].同济大学学报(自然科学版),2015,5:800-806.

[25] 刘洪玉,郑思齐.城市与房地产经济学[M].北京:中国建筑工业出版社,2007.

[26] 刘士林,刘新静.中国城市群发展指数报告(2013)[M].北京:社会科学文献出版社,2013.

[27] 刘志东.多元GARCH模型结构特征参数估计与假设检验研究综述[J].数量经济技术经济研究,2010,27(9):147-160.

[28] 刘志东,薛莉.金融市场高维波动率的扩展广义正交GARCH模型与参数估计方法研究[J].中国管理科学,2010,18(6):33-41.

[29] 刘小华.亚洲房地产市场分割与整合——波动性溢出和相关性研究:DCC-GARCH模型[J].财政研究,2011,12:12-15.

[30] 欧变玲.时变空间权重矩阵的空间效应检验研究[J].统计研究,2015,10:78-87.

[31] 任荣荣.房价空间传导产生渠道探讨[J].中国投资,2010,2:85-85.

[32] 沈悦.商品房价格动力机制、异常波动及调控[M].北京:中国社会科学出版社,2012.

[33] 沈悦,刘洪玉.住宅价格与经济基本面:1995—2002年中国14城市的实证研究[J].经济研究,2004,39(6):78-86.

[34] 沈悦,戴士伟.房价过度波动的系统性风险溢出效应测度——基于GARCH-Copula-CoVa模型[J].中央财经大学学报,2016,3:88-95.

[35] 沈体雁,冯等田. 空间计量经济学[M]. 北京:北京大学出版社,2010.

[36] 邵挺,袁志刚. 土地供应量、地方公共品供给与住宅价格水平——基于 Tiebout 效应的一项扩展研究[J]. 南开经济研究,2010,3:3-19.

[37] 温海珍,张之礼,等. 基于空间计量模型的住宅价格效应实证分析:以杭州市为例[J]. 系统工程理论与实践,2011,9:1662-1667.

[38] 温海珍,曾辉,张凌. 房地产经济学[M]. 浙江:浙江大学出版社,2014.

[39] 王松涛,郑思齐,冯杰. 公共服务设施可达性及其对新建住房价格的影响——以北京中心城为例[J]. 地理科学进展,2007,6:78-87.

[40] 王松涛,杨赞,刘洪玉. 我国区域市场城市房价互动关系的实证研究[J]. 财经问题研究,2008,6:122-129.

[41] 王立平,申建文. 房价变动的一个理论解析——基于时变参数模型的实证[J]. 华东经济管理,2014,10(8):87-91.

[42] 王鹤,潘爱民,赵伟. 区域房价空间与时间扩散效应的实证研究[J]. 经济评论,2014,4:85-95.

[43] 王鹤. 基于空间计量的房地产价格影响因素分析[J]. 经济评论,2012,1:48-56.

[44] 王丽,邓羽,牛文元. 城市群的界定与识别研究[J]. 地理学报,2013,68:1059-1070.

[45] 王博永,杨欣. 基于网络搜索的房地产政策调控效果研究[J]. 管理评论,2014,9(26):78-88.

[46] 威廉·阿朗索. 区位和土地利用[M]. 北京:商务印书馆出版社,2010.

[47] 吴文斌. 中国区域房价 β 收敛的空间计量分析[J]. 统计与决策,2012,1:130-132.

[48] 吴伟巍,郑彦璐,李启明. 区域城市间住宅价格波动溢出效应的内涵分析[J]. 城市发展研究,2011,18(10):69-73.

[49] 肖金成. 城镇化与区域协调发展[M]. 北京:经济科学出版社,2014: 95-98.

[50] 肖金成,黄征学. 中部地区城市群的形成与展望[J]. 区域经济评论,2014,1:29-39.

[51] 易丹辉. 数据分析与 Eviews 应用[M]. 北京:中国人民大学出版社,2008.

[52] 姚士谋,朱英明,陈振光. 中国城市群[M]. 北京:中国科学技术出版社,2001.

[53] 杨奎奇,史春云,汪应宏. 中国典型城市群住宅地价空间特征研究[J]. 经济地理,2013,6.

[54] 赵华平,张所地.城市宜居性特征对商品住宅价格的影响分析——基于中国35个大中城市静态和动态空间面板模型的实证研究[J].数理统计与管理,2013,7:707-717.

[55] 周京奎.城市舒适性与住宅价格、工资波动的区域性差异对1999—2006中国城市面板数据的实证分析[J].财经研究,2009,9:80-91.

[56] 张瑞锋.金融市场协同波动溢出分析及实证研究[J].数量经济技术经济研究,2006,23(10):141-149.

[57] 张德荣,郑晓婷.限购令是抑制房价上涨的有效政策工具吗?——基于70个大中城市的实证研究[J].数量经济技术经济研究,2013,11:56-72.

[58] 张清勇,郑环环.中国住宅投资引领经济增长吗?[J].经济研究,2014,2:67-79.

[59] 张云飞.城市群内产业集聚与经济增长关系的实证研究——基于面板数据的分析[J].经济地理,2014,1:108-115.

[60] 张红.房地产经济学讲义[M].北京:清华大学出版社,2004.

[61] 张大永,刘子寅.中国城市房价非线性收敛机制研究[J].南开经济研究,2015,1:71-88.

[62] 郑思齐.城市经济的空间结构:居住、就业及其衍生问题.[M].北京:清华大学出版社,2012.

[63] Abbott Andrew, De Vita. Testing for long-run convergence across regional house prices in the UK: a pairwise approach[J]. Applied Economics, 2013, 45(10): 1227-1238.

[64] Ambrogio Cesa-Bianchi. Housing cycles and macroeconomic fluctuations: A global perspective[J]. Journal of International Money and Finance, 2013, 37: 215-238.

[65] Andrew Mark. Regional market size and the housing market: insights from a new economic geography model[J]. Journal of Property Research, 2012, 29(4): 298-323.

[66] Ashworth J, Parker S C. Modelling Regional House Prices in the UK[J]. Scottish Journal of Political Economy, 1997, 44(3): 225-246.

[67] Alexander Carol, Barrow Michael. Seasonality and Cointegration of Regional House Prices in the UK[J]. Urban Studies, 1994, 31(10): 1667-1689.

[68] Apergis Nicholas, Gupta Rangan. Convergence in provincial-level south African house prices: evidence from the club convergence and clustering procedure

[J]. Review Of Urban & Regional Development Studies,2015,27(1):2-17.

[69] Apergis N, Payne J E. Convergence in U. S. house prices by state: evidence from the club convergence and clustering procedure[J]. Letters in spatial and resource sciences,2012,5(2):103-111.

[70] Andrew Paciorek. Supply constraints and housing market dynamics[J]. Journal of Urban Economics ,2013,77:11-26.

[71] Alberto M, Jun Nagayasu. UK house price convergence clubs and spillovers [J]. Journal of Housing Economics,2015,30:50-58.

[72] Balcilar M. Ripple effects in South African house prices[J]. Urban Studies, 2013,50(5): 876-894.

[73] Bailey N, Holly S. A Two-Stage Approach to Spatio-Temporal Analysis with Strong and Weak Cross-Sectional Dependence [J]. Journal of Applied Econometrics,2016,31(1):249-280.

[74] Bahmani-Oskooee. Do changes in the fundamentals have symmetric or asymmetric effects on house prices? Evidence from 52 states of the United States of America [J]. Applied Economics,2016,48(31):2912-2936.

[75] Baltagi, Georges Bresson. Maximum likelihood estimation and Lagrange multiplier tests for panel seemingly unrelated regressions with spatial lag and spatial errors: An application to hedonic housing prices in Paris [J]. Journal of Urban Economics,2011,69:24-42.

[76] Beatriz, Jose Luis. Asymmetric Behaviour of Spanish Regional House Prices: A Multivariate Approach [J]. The Journal of Economic Asymmetries, 2008, 5 (2):81-104.

[77] Beckmann J. Spatial Equilibrium in Housing Market [J]. Journal of Urban Economics,1974,99-107.

[78] Beenstock M, Felsenstein D. Spatial Vector Autoregressions [J]. Spatial Economi Analysis,2007,2(2):167-196.

[79] Beenstock M, Felsenstein D. Spatial error correction and cointegration in nonstationary panel data: regional house prices in Israel [J]. Journal of geographical systems,2010,12(2):189-206.

[80] Bollerslev T, Chou, Kroner. ARCH Modeling in Finance: A Review of the Theory and Empirical Evidence[J]. Journal of Econometrics,1992,52(1):5-59.

[81] Bing Zhu, Roland Füss, Nico B R. Spatial Linkages in Returns and Volatilities

among U S Regional Housing Markets[J]. Real Estate Economics,2013,41(1):29-64.

[82] Bhattacharjee, Castro. Endogenous Spatial Regression and Delineation of Submarkets: A New Framework with Application to Housing Markets[J]. Journal of Applied Econometrics,2016,31(1):32-57.

[83] Brady R. The spatial diffusion of regional housing prices across U. S. States [J]. Regional science and urban economics,2014,46(1):150-166.

[84] Capozza D R, Hendershott P H. An Anatomy of Price Dynamics in Illiquid Markets:Analysis and Evidence from Local Housing Markets[J]. Real Estate Economics,2004,32(1):1-32.

[85] Carlos P B, Luis A. Comovements among U. S. state housing prices: Evidence from fractional cointegration[J]. Economic Modelling,2012,29:936-942.

[86] Cook S, Watson D. A new perspective on the ripple effect in the UK housing market: Comovement, cyclical subsamples and alternativeindices[J]. Urban Studies,2015. DOI:10. 1177/0042098015610482.

[87] Chiang Shu-hen. Housing Markets in China and Policy Implications:Comovement or Ripple Effect[J]. China & World Economy,2014,22(6):103-120.

[88] Chen Anping, Boarnet Marlon. Regional competition, agglomeration, and housing markets in China[J]. Journal of Regional Science,2014,54(4):547-549.

[89] Chien M S. Structural Breaks and the Convergence of Regional House Prices [J]. Journal of real estate finance and economics,2010,40(1):77-88.

[90] Chen P F. Dynamic modeling of regional house price diffusion in Taiwan[J]. Journal of housing economics,2011,20(4):315-332.

[91] Cook S. Detecting long-run relationships in regional house prices in the UK [J]. International Review of Applied Economics,2005,19(1):107-118.

[92] Cook S. Regional house price behaviour in the UK:application of a joint testing procedure[J]. PHYSICA A,2005,345(3):611-621.

[93] Clark S P, Coggin T D Trends. Cycles and Convergence in US Regional House Prices[J]. Journal of real estate finance and economics, 2009, 39(3): 264-283.

[94] Chiu Rebecca. Government Intervention in Housing:Convergence and Divergence of the Asian Dragons[J]. Urban Policy and Research,2008,26(3):249-269.

[95] Chien M S. Structural Breaks and the Convergence of Regional House Prices

[J]. Journal of real estate finance and economics,2010,40(1):77-88.

[96] Costello Greg. Land price dynamics in a large Australian urban housing market [J]. International Journal of Housing Markets and Analysis, 2014, 7 (1): 42-60.

[97] Devaney Steven. Measuring European property investment performance: comparing different approaches[J]. Journal of European Real Estate Research,2014,7(1): 112-132.

[98] Elhorst J P. Matlab software for spatial panels, presented at the Ⅳth Word Conference of the Spatial Econometrics Association,Chicago,June 9-12,2010.

[99] Engle R. Dynamic Conditional Correlation: A simple Class of Multivariate Generalized Auto-regressive Conditional Heteroskedasticity Models[J]. Journal of Business and Economic Statistics,2002,20(3):339-350.

[100] Eleni K. Theodore Panagiotidis Linear and nonlinear causality in the UK housing market: a regional approach[J]. Economics and Business Letters, 2014,3(4) :288-297.

[101] Edward L. Glaeser,Joseph G. Nathanson,Housing dynamics:An urban approach [J]. Journal of Urban Economics,2014,81:45-56.

[102] Eric C Y. Ng. Housing market dynamics in China:Findings from an estimated DSGE model[J]. Journal of Housing Economics,2015,29:26-40.

[103] Eric C Y Ng,Ning Feng. Housing market dynamics in a small open economy: Do external and news shocks matter? [J]. Journal of International Money and Finance,2016,63:64-88.

[104] Essi Eerola,Teemu Lyytikàinen. On the role of public price information in housing markets [J]. Regional Science and Urban Economics, 2015, 53: 74-84.

[105] Ellen. Why Don't Housing Choice Voucher Recipients Live Near Better Schools? Insights from Big Data[J]. Journal of Policy Analysis & Management,2016,35(4):884-905.

[106] Filandri Marianna,Olagnero M. Housing Inequality and Social Class in Europe [J]. Housing Studies,2014,29(7):977-993.

[107] Gallet C A. Housing market segmentation:An application of convergence tests to Los Angeles region housing[J]. Annals of regional science,2004,38(3): 551-561.

[108] Geoffrey Meen. Spatial housing economics: A survey [J]. Urban Studies, 2016,7:1-17.

[109] Gray David. House Price Diffusion: An Application of Spectral Analysis to the Prices of Irish Second-Hand Dwellings [J]. Housing Studies, 2013, 28(6): 869-890.

[110] Goodman A C. Regional Housing and Labour Markets [J]. Regional science and urban economics, 1998, 28(3):385-388.

[111] Golland Andrew, Boelhouwer Peter. Speculative housing supply land and housing markets: a comparison [J]. Journal of Property Research, 2002, 19(3):231-251.

[112] Goodman, Thibodeau. The Spatial Proximity of Metropolitan Area [J]. Real Estate Economics, 2007, 35(2):209-232.

[113] Gupta R, Das Sonali. Spatial bayesian methods of forecasting house pricing six metropolitan areas of south africa [J]. South African Journal of Economics, 2008, 76(2):298-313.

[114] Go Tamakoshi, Shigeyuki Hamori. Time-varying co-movements and volatility spillovers among financial sector CDS indexes in the UK [J]. Research in International Business and Finance, 2016, 36:288-296.

[115] Hassan. Dynamic Relationship between House Prices in Malaysia's Major Economic Regions and Singapore House Prices [J]. RegionalStudies, 2016, 50(4):657-670.

[116] Haoying Wang. A simulation model of home improvement with neighborhood spillover [J]. Computers, Environment and Urban Systems, 2016, 57:36-47.

[117] Hooi Lean, Russell S. Regional House Prices and the Ripple Effect in Malaysia [J]. Urban Studies, 2013, 4(50):895-922

[118] Henley A. On regional growth convergence in Great Britain [J]. Regional Studies, 2005, 39(9):1245-1260.

[119] Herrerias Maria. Stochastic Regional Convergence in China: The Role of Regional Clusters in a Nonlinear Perspective (1952—2007) [J]. Pacific Economic Review, 2014, 19(2):153-169.

[120] Herrerías. Testing Stochastic Convergence across Chinese Provinces, 1952—2008 [J]. Regional Studies, 2015, 49(4):485-501.

[121] Hui Hon-Chung. House price diffusions across three urban areas in Malaysia

[J]. International Journal of Housing Markets and Analysis, 2010, 3(4): 369-379.

[122] Huang Bo, Wu Bo. Geographically and temporally weighted regression for modeling spatio-temporal variation in house prices[J]. International Journal of Geographical Information Science, 2010, 24(3): 383-401.

[123] Holmes M J, Otero J. Investigating regional house price convergence in the United States: Evidence from a pair-wise approach[J]. Economi modelling, 2011, 28(6): 2369-2376.

[124] I-Chun Tsai. Dynamic information transfer in the United States housing and stock markets[J]. North American Journal of Economics and Finance, 2015, 34: 215-230.

[125] I-Chun Tsai. Ripple effect in house prices and trading volume in the UK housing market: New viewpoint and evidence[J]. Economic Modelling, 2014, 40: 68-75.

[126] James Alm, Zackary Hawley. Property tax delinquency and its spillover effects on nearby properties[J]. Regional Science and Urban Economics, 2016, 58: 71-77.

[127] Jeffrey P, Cohen, Yannis M. Ioannides. Spatial effects and house price dynamics in the USA[J]. Journal of Housing Economics, 2016, 3: 1-13.

[128] Joshua Drucker, Edward Feser. Regional industrial structure and agglomeration economies: An analysis of productivity in three manufacturing industries[J]. Regional Science and Urban Economics, 2012, 42: 1-11.

[129] Jones C, Leishman C. Intra-Urban migration and housing submarkets: theory and evidence[J]. Housing Studies, 2004, 19(2): 269-283.

[130] Jonghyun Lim, Joo Hyung Lee. Demographic changes and housing demands by scenarios with ASFRs[J]. International Journal of Housing Markets and Analysis, 2013, 6(3): 317-340.

[131] JohnesG, Hyclak T. House prices and regional labor markets[J]. Annals of regional science, 1999, 33(1): 33-50.

[132] Joseph T L Ooi, Thao T T. The spillover effects of infill developments on local housing prices[J]. Regional Science and Urban Economics, 2013, 43: 850-861.

[133] Ka Yui Leung, Charles. Economic growth and increasing house prices[J].

Pacific Economic Review,2003,8(2):183-190.

[134] Kang W. Housing price dynamics and convergence in high-tech metropolitan economies[J]. Quarterly review of economics and finance,2011,51(3):283-291.

[135] Kuethe Todd,Pede Valerien. Regional Housing Price Cycles:A Spatio-temporal Analysis Using US State-level Data[J]. Regional Studies,2011,45(5):563-574.

[136] Kim Kabsung. Segmentation of the Housing Market and its Determinants:Seoul and its neighbouring new towns in Korea[J]. Australian Geographer,2005,36(2):221-232.

[137] Kim S W,Bhattacharya R. Regional Housing Prices in the USA:An Empirical Investigation of Nonlinearity[J]. Journal of real estate finance and economics,2009,38(4):443-460.

[138] Kim Y S,Rous J J. House price convergence:Evidence from US state and metropolitan area panels[J]. Journal of Housing Economics,2012,21(2):169-186.

[139] Kuethe T H,V O Pede. Regional Housing Price Cycles:A Spatio-Temporal Analysis Using US State Level Data[J]. Regional Studies,2011,45(5):563-574.

[140] Leishman. Spatial Change and the Structure of Urban Housing Sub-markets[J]. Housing Studies,2009,24(5):563-585.

[141] Le Ma,Chunlu Liu. Ripple effects of house prices:considering spatial correlations in geography and demography[J]. International Journal of Housing Markets and Analysis,2013,6(3):284-299.

[142] Lun Fei Lee,JiHai Yu. QML Estimation of Spatial Dynamic Panel Data Models With Timing Varying Spatial Weights Matrices[J]. Spatial Economics Analysis,2012,(7):31-74.

[143] Louis Henock,Sun Amy X. Long-Term Growth in Housing Prices and Stock Returns[J]. Real Estate Economics,2013,41(3):663-708.

[144] Lynn Wu,Erik B. The Future of Prediction:How Google Searches Foreshadow Housing Prices and Sales. Working Paper,2013.8.

[145] Ma Liu. Spatio-temporal analysis of house price convergence based on a demographical distance[J]. International Journal of Strategic Property

Management,2013,17(3):263-277.

[146] Ma Le, Liu Chunlu. A panel error correction approach to explore spatial correlation patterns of the dominant housing market in Australian capital cities[J]. International Journal of Housing Markets and Analysis, 2013, 6(4):405-421.

[147] Mark J. Holmes, Jesús Otero. Investigating regional house price convergence in the United States: Evidence from a pair-wise approach[J]. Economic Modelling, 2011, 28:2369-2376.

[148] Miles W. Regional House Price Segmentation and Convergence in the US: A New Approach[J]. Journal of real estate finance and economics, 2015, 50(1):113-128.

[149] Meen G. Regional House Prices and the Ripple Effect: A New Interpretation [J]. Housing Studies, 1999, 14(6):733-753.

[150] Mian Atif, Sufi Amir. Foreclosures, House Prices, and the Real Economy[J]. The Journal of Finance, 2015, 70(6):2587-2634.

[151] Montanes, Olmos. Convergence in US houseprices[J]. Economics letters, 2013, 12(2):152-155.

[152] Maher Chris. Housing Prices and Geographical Scale: Australian Cities in the 1980s[J]. Urban Studies, 1994, 31(1):5-27.

[153] Michael Beenstock, Daniel Felsenstein. Estimating spatial spillover in housing construction with nonstationary panel data [J]. Journal of Housing Economics, 2015, 28:42-58.

[154] Mehmet B, Abebe B. 'Ripple' Effects in South African House Prices[J]. Urban Studies, 2013, 4(50):876-894.

[155] McAvinchey I D. A Regional Comparison of House Price Inflation Rates in Britain, 1967-76[J]. Urban Studies, 1982, 19(1):43-57.

[156] Miles W. Volatility Clustering in US Home Prices[J]. Journal of Real Estate Research, 2008, 30 (1):73-90.

[157] Morley Bruce, Thomas Dennis. Risk-return relationships and asymmetric adjustment in the UK housing market[J]. Applied Financial Economics, 2011, 21(10):735-742.

[158] Michael Ball, Geoffrey Meen. Housing supply price elasticities revisited: Evidence from international, national, local and company data[J]. Journal of

Housing Economics,2010,19:255-268.

[159] Michael Funke, Michael Paetz. Housing prices and the business cycle: An empirical application to Hong Kong[J]. Journal of Housing Economics, 2013,22:62-76.

[160] Montañés A. Convergence in US house prices[J]. Economics Letters,2013, 121(2):152-155.

[161] Mats Wilhelmsson. Regional house prices: An application of a two-equation model to the Swedish housing market[J]. International Journal of Housing Markets and Analysis,2008,1(1):33-51.

[162] Ming-Te Lee. Trend properties, cointegration, and diffusion of presale house prices in Taiwan: Can Taipei's house prices ripple out? [J]. Habitat International ,2014,44:432-441.

[163] Nafeesa Yunus. Trends and convergence in global housing markets[J]. Journal of Housing Economics,2015,36:100-112.

[164] Ortalo-M,Prat A. Spatial Asset Pricing: A First Step[J]. Economica,2016,83 (329):130-171.

[165] Oded Hochman. Efficient agglomeration of spatial clubs[J]. Journal of Urban Economics,2011,69(1):118-135.

[166] Pagourtzi, Assimakopoulos. Real estate appraisal: a review of valuation methods[J]. Journal of Property Investment and Finance, 2003, 21 (4): 383-401.

[167] Pei-Fen Chen, Mei-Se Chien. Dynamic modeling of regional house price diffusion in Taiwan[J]. Journal of Housing Economics, 2011, 20 (4): 315-332.

[168] Prodosh Simlai. Estimation of variance of housing prices using spatial conditional heteroskedasticity (SARCH) model with an application to Boston housing price data[J]. The Quarterly Review of Economics and Finance, 2014,54:17-30.

[169] Pichler-Milanovich. Urban housing markets in central and eastern europe: convergence or policy collapse[J]. European Journal of Housing Policy, 2001,1(2):145-187.

[170] Quoc Hung Nguyen. Housing investment: What makes it so volatile? Theory and evidence from OECD countries[J]. Journal of Housing Economics,

2013,22(3):163-178.

[171] Rajendra K,Kingsley H. Forecasting Housing Prices with Google Econometrics: A Demand Oriented Approach,Working Paper,2009.

[172] Rae A. Online Housing Search and the Geography of Submarkets[J]. Housing Studies,2015,30(3) :453-472.

[173] Rajashri C,Joydeep Roy. Housing markets and residential segregation:Impacts of the Michigan school finance reform on inter-and intra-district sorting[J]. Journal of Public Economics,2015,122:110-132.

[174] Ryan R Brady. The spatial diffusion of regional housing prices across US States[J]. Regional Science and Urban Economics ,2014,46:150-166.

[175] Rae. Online Housing Search and the Geography of Submarkets[J]. Housing Studies,2015,30(3): 453-472.

[176] Sean Holly,M Hashem Pesaran. The spatial and temporal diffusion of house prices in the UK[J]. Journal of Urban Economics,2011,69:2-23.

[177] Siqi Zheng, Weizeng Sun, Matthew E. Kahn. Investor Confidence as a Determinant of China' s Urban Housing Market Dynamics[N]. Working Paper,2015.

[178] Shi SongYoung Martin. The ripple effect of local house price movements in New Zealand[J]. Journal of Property Research,2009,26(1):1-24.

[179] Stevenson Simon. House price diffusion and inter-regional and cross-border house price dynamics[J]. Journal of Property Research, 2004, 21 (4): 301 320.

[180] Stevenson Simon. House price diffusion and inter-regional and cross-border house price dynamics[J]. Journal of Property Research, 2004, 21 (4): 301-320.

[181] Suedekum Jens. Agglomeration and regional costs of living[J]. Journal of Regional Science,2006,46(3):529-543.

[182] Stanimira Milcheva, Bing Zhu. Bank Integration and Co-movements across Housing Markets[J]. Journal of Banking & Finance,2015,5(3):21-34.

[183] Shu-Wen Lin,Tai-Ming Ben. Impact of government and industrial agglomeration on industrial land prices: A Taiwanese case study[J]. Habitat International, 2009,33:412-418.

[184] Sotirios Thanos,Jean Dub'e. Putting Time into Space:The Temporal Coherence

of Spatial Applications in the Housing Market [J]. Regional Science and Urban Economics,2016,58:78-88.

[185] Steven Cook. Regional house price behaviour in the UK:application of a joint testing procedure[J]. Physica A,2005,345(3):611-621.

[186] Takatoshi Tabuchi. Separating Urban Agglomeration Economies in Consumption and Production[J]. Journal of Urban Economics ,2000,48(1):70-84.

[187] Takatoshi Tabuchi, Urban Agglomeration and Dispersion: A Synthesis of Alonso and Krugman[J]. Journal of Urban Economics,1998,44:333-351.

[188] Tien-Foo Sing, I-Chun Tsai. Price dynamics in public and private housing markets in Singapore [J]. Journal of Housing Economics, 2006, 15 (4): 305-320.

[189] Toda H Y, Yamamoto T. Statistical inference in vector autoregressions with possibly integrated processes[J]. Journal of Econometrics,1995,66(2):225-250.

[190] Tu Y,Sun H. Spatial Autocorrelations and Urban Housing Market Segmentation [J]. Journal of real estate finance and economics,2007,34(3):385-406.

[191] Tsai I-Chun. Spillover Effect between the Regional and the National Housing Markets in the UK[J]. Regional Studies,2015,49(12):1957-1976.

[192] Weizeng Sun, Siqi Zheng. The Housing Market Effects of Local Home Purchase Restrictions: Evidence from Beijing[N]. Working Paper,2014.

[193] Wei An-Pin, Huang Wei-Ling. The role of market imperfections in the relationship betweenhousing prices and household credit: Evidence from Taiwan[J]. Asian-Pacific Economic Literature,2013,27(2):131-143.

[194] Wensheng Kang. Housing price dynamics and convergence in high-tech metropolitan economies [J]. The Quarterly Review of Economics and Finance,2011,51:283-291.

[195] William W Chow,Michael K Fung. Convergence and spillover of house prices in Chinese cities[J]. Applied Economics,2016,DOI:10. 1080/00036846. 2016. 1167829.

[196] Wood G,Einar S. Do Urban House Prices Converge[J]. Urban Policy and Research,2016,34(2):102-115.

[197] Wu C, Sharma R. Housing submarket classification: The role of spatial contiguity[J]. Applied geography,2012,32(2):746-756.

[198] Wu Li. A geographically and temporally weighted autoregressive model with

application to housing prices [J]. International Journal of Geographical Information Science,2014,28(5):1186-1204.

[199] Wood G,Einar S. Do Urban House Prices Converge? [J]. Urban Policy and Research,2016,34(2):102-115.

[200] William,Strange. Overlapping Neighborhood sand Housing Externalities[J]. Journal of Urban Economics,1992,32:17-39.

[201] William C Wheaton1,Mark J L. Urban Wages and Labor Market Agglomeration [J]. Journal of Urban Economics ,2002,51:542-562.

[202] Xiao-Lin Li,Tsangyao Chang. The co-movement and causality between the US. housing and stock markets in the time and frequency domains[J]. International Review of Economics and Finance ,2015,38:220-233.

[203] Yang Zan,Turner Bengt. The dynamics of Swedish national and regional house price movement[J]. Urban Policy and Research,2004,22(1):49-58.

[204] Young Se Kim,Jeffrey J R. House price convergence: Evidence from US state and metropolitan area panels[J]. Journal of Housing Economics,2012,21(2):169-186.

[205] Yu-Nien Shih,Hao-Chuan Li. Housing price bubbles and inter-provincial spillover:Evidence from China[J]. Habitat International,2014,43:142-151.

[206] Yu Huayi. The spillovers and heterogeneous responses of housing prices:a GVAR analysis of China's 35 major cities[J]. Journal of the Asia Pacific Economy,2015,20(4):535-558.

[207] Zhang Haiyong. Effectiveness of Macro-regulation Policies on Housing Prices: A Spatial Quantile Regression Approach[J]. Housing,Theory and Society,2016,33(1):23-40.

[208] Zhang Morley. The convergence of regional house prices in China[J]. Applied Economics Letters,2014,21(3):205-208.